《老重庆影像志》

老行当

岁月一页一页地翻过，老行当渐行渐远。然而，每当我们走在『木货街』、『磁器街』、『打铜街』、『草药街』、『磨房街』这类以老行当命名的街巷上，看到那些几乎要永远尘封起来的老行头，总觉得心里踏实。实际上，老行当已经成为重庆人对这座城市永恒的记忆。

李金荣　编著

重慶出版集团　重慶出版社

图书在版编目（CIP）数据

老行当/李金荣编著.—重庆：重庆出版社，2013.5
（老重庆影像志/王川平主编）
ISBN 978-7-229-06521-8

Ⅰ.老… Ⅱ.李… Ⅲ.职业—介绍—重庆市—图集
Ⅳ.① D669.2-64

中国版本图书馆CIP数据核字（2013）第103881号

老行当
LAO HANGDANG

丛 书 主 编	王川平
丛书副主编	刘豫川　邵康庆
编　　　著	李金荣
资 料 提 供	重庆中国三峡博物馆　邓晓笳　士伏　何智亚　郭文华　周颖
插　　　图	士伏　周颖

策　　划	郭宜　邓士伏
责任编辑	郭宜　张跃
封面设计	郭宜　刘洋
版式设计	郭宜　张跃
责任校对	娄亚杰
电脑制作	廖晋华

重庆出版集团
重庆出版社 出版

重庆市南岸区南滨路162号1幢　邮政编码：400061　http://www.cqph.com
重庆市开源印务有限公司印制
重庆出版集团图书发行有限公司发行
E-MAIL：fxchu@cqph.com　邮购电话：023-61520646
全国新华书店经销

开本：787mm×1092mm　1/16　印张：10　字数：201千
2013年5月第1版　2018年10月第2次印刷
印数：4001-6000
定价：26.00元

如有印装质量问题，请向本集团图书发行有限公司调换：023-61520678

版权所有·侵权必究

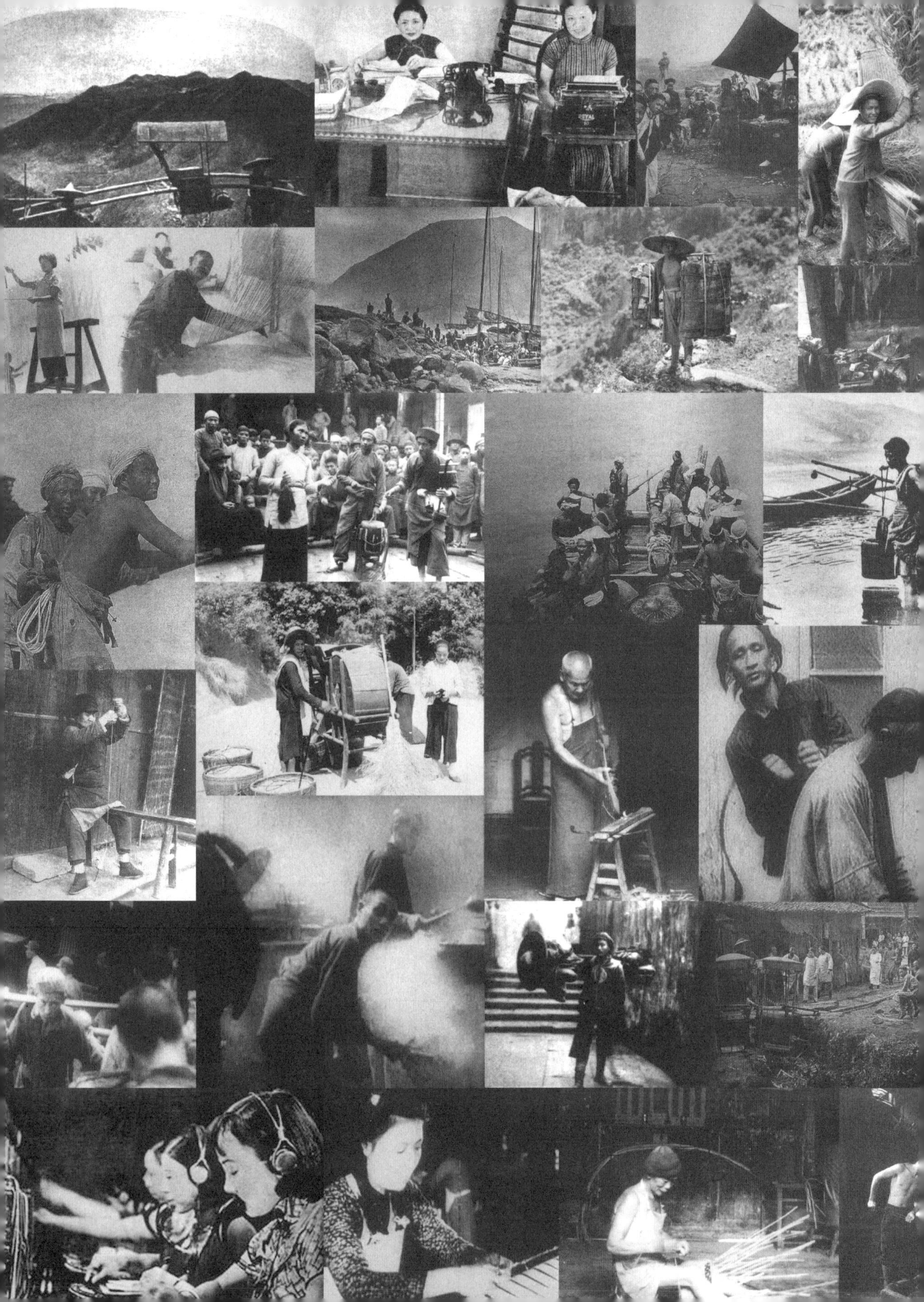

老行当

目 录

总 序 ... 1

前 言 闲话老行当 ... 4

衣

机坊 ... 8

裁缝铺 ... 8

草鞋匠 ... 12

剃头匠 ... 14

银楼 ... 17

食

老茶馆 ... 21

烟摊 ... 25

烟馆 ... 25

榨坊 ... 31

油腊铺 ... 35

毛肚火锅 ... 41

糖关刀	52
挑水夫	54
住	57
栈房	57
石匠	60
木、竹匠	63
风水先生	69
打铁铺	72
行	75
滑竿	75
脚夫	78
黄包车夫	82
纤夫和川江号子	85
马帮	93
推梢船	95

目录

老行当

商

邮差	104
洋行	109
药材帮	109
当铺	112
香蜡铺	117
棺材铺	120
猪偏耳	123
牛偏耳	126

其他

传教士	129
街头艺人	131
算命先生	131
丐帮	135
	139
	143

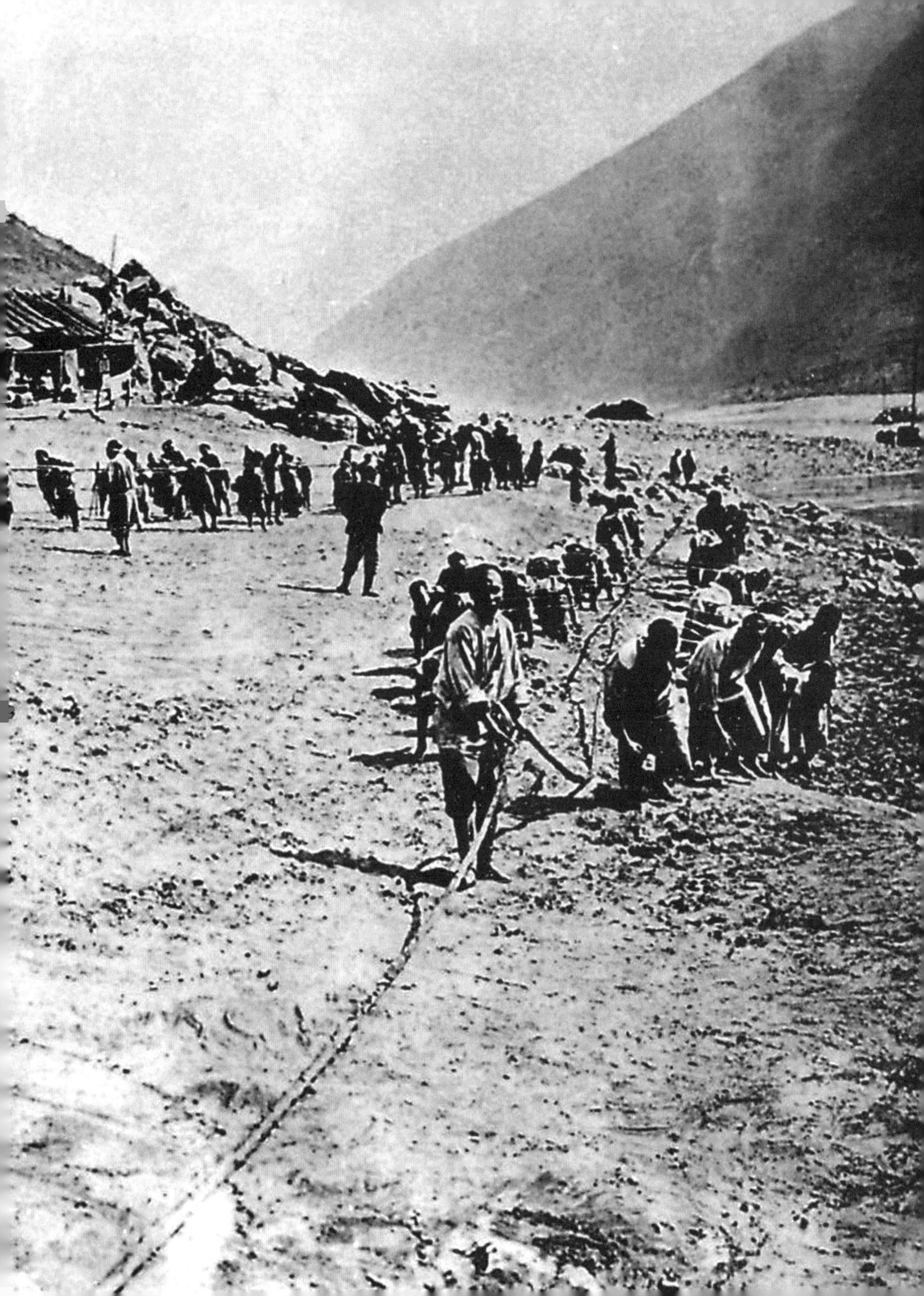

总序

《老重庆影像志》

王川平

等等方面，尤其是对老重庆的个性与嬗变、老重庆的灵性与魂魄、老重庆的根与源，力图以图文并茂的表述引起读者的注意，与读者作寻根之旅。本丛书的作者与编者，都是从事文物、图书、档案、出版、历史和文化研究等方面工作多年的优秀人选，既有丰富的实际经验，又有专门知识方面的学术积累，并尽可能在文字处理上通俗、生动、准确。丛书使用的两千多张历史照片，许多是第一次公开出版，足见其珍贵和罕见。

重庆是一座具有世界历史与文化价值的城市，对于这一点，笔者在主编该丛书及撰写《老房子》的过程中坚信不移。这不是直辖后的文化自大，而是遵循"实史求是"的原则准确对待重庆历史得出的结论，是依据古为今用的原则建设重庆新文化的需要。可惜的是我们总以为自己的文化家底不够厚，其实是我们现时的努力离目标还有较大的距离。令人高兴的是直辖之初，笔者提出把重庆建设成为与长江上游经济中心相适应的文化中心的文化建设远期目标，已经为越来越多的市民所接受，正在成为这座城市的规划和行动。从这个意义上说，《老重庆影像志》丛书的出版，确实是一件可喜可贺可敬之事。

看着这座古老的城市慢慢长大

尽管重庆直辖才十年，但它却很古老；尽管重庆正以惊世的速度在长高、长壮，但它曾经十分古朴而低矮；尽管重庆一天天在变得靓艳，但它灰蒙蒙而沉甸甸的底色仍存留在记忆之中。当楼房的样式和市民的生活越来越趋于类似的时候，这座城市的文化性格与城市品质就变得像空气和水一样重要和宝贵。

历史与现实就是这样复杂，这样磕磕碰碰。重庆的文化人一方面惊讶于这座城市成长的速度，一方面惊讶于在此速度拉动下消逝了的那些值得保留的东西。这种惊讶同样是复杂和美好的，因为他们不因惊讶而停住手脚，停止思考与行动。眼前这套《老重庆影像志》丛书就是他们这种努力的一部分。

《老重庆影像志》丛书共十本，分别是《老城门》、《老房子》、《老街巷》、《老码头》、《老地图》、《老广告》、《老档案》、《老行当》、《老风尚》和《老钱票》。它们从不同的视角，管窥这座城市的昨天，内容涉及市政变迁、政治演变、经济发展、市井生活、文脉流转传承

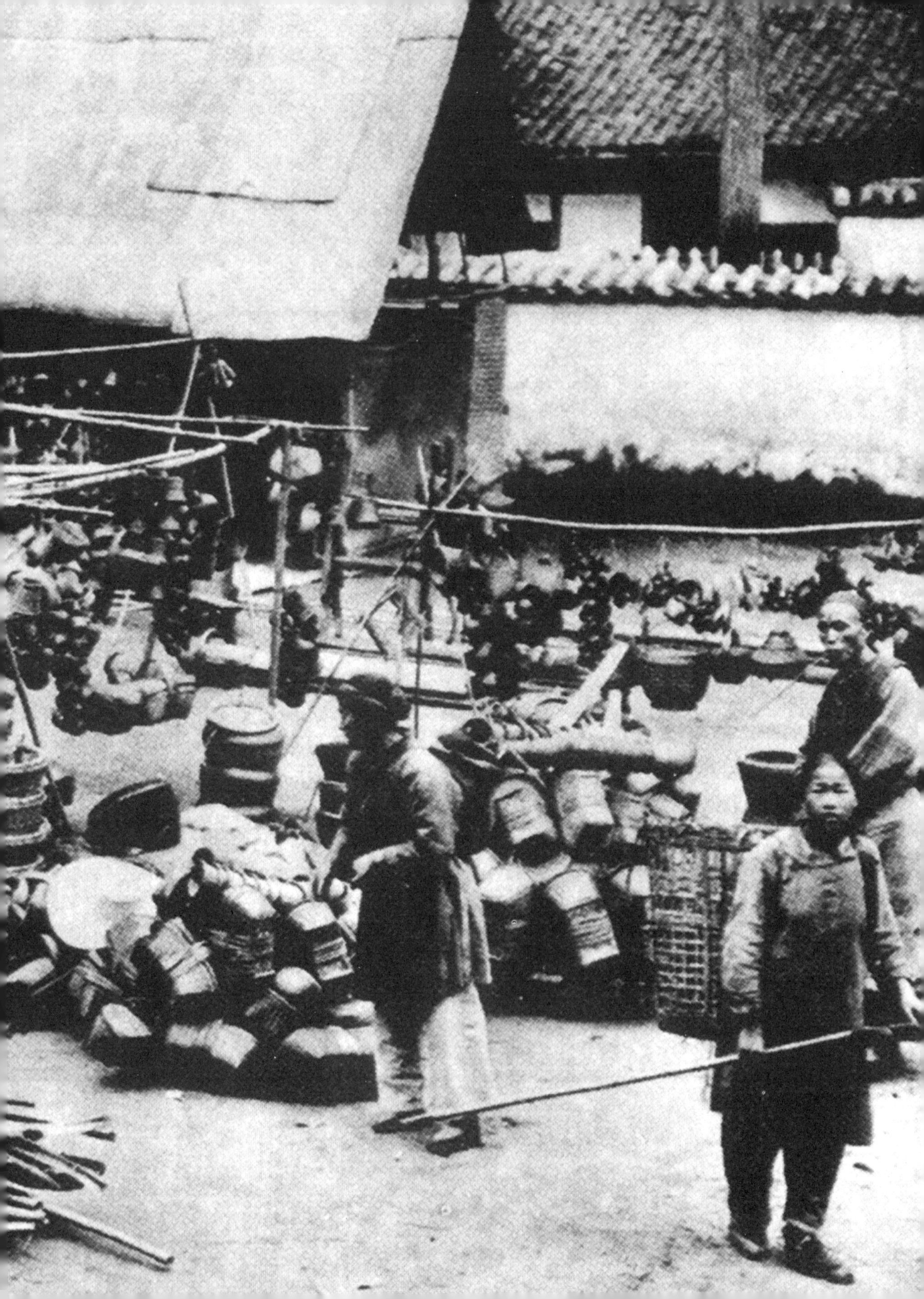

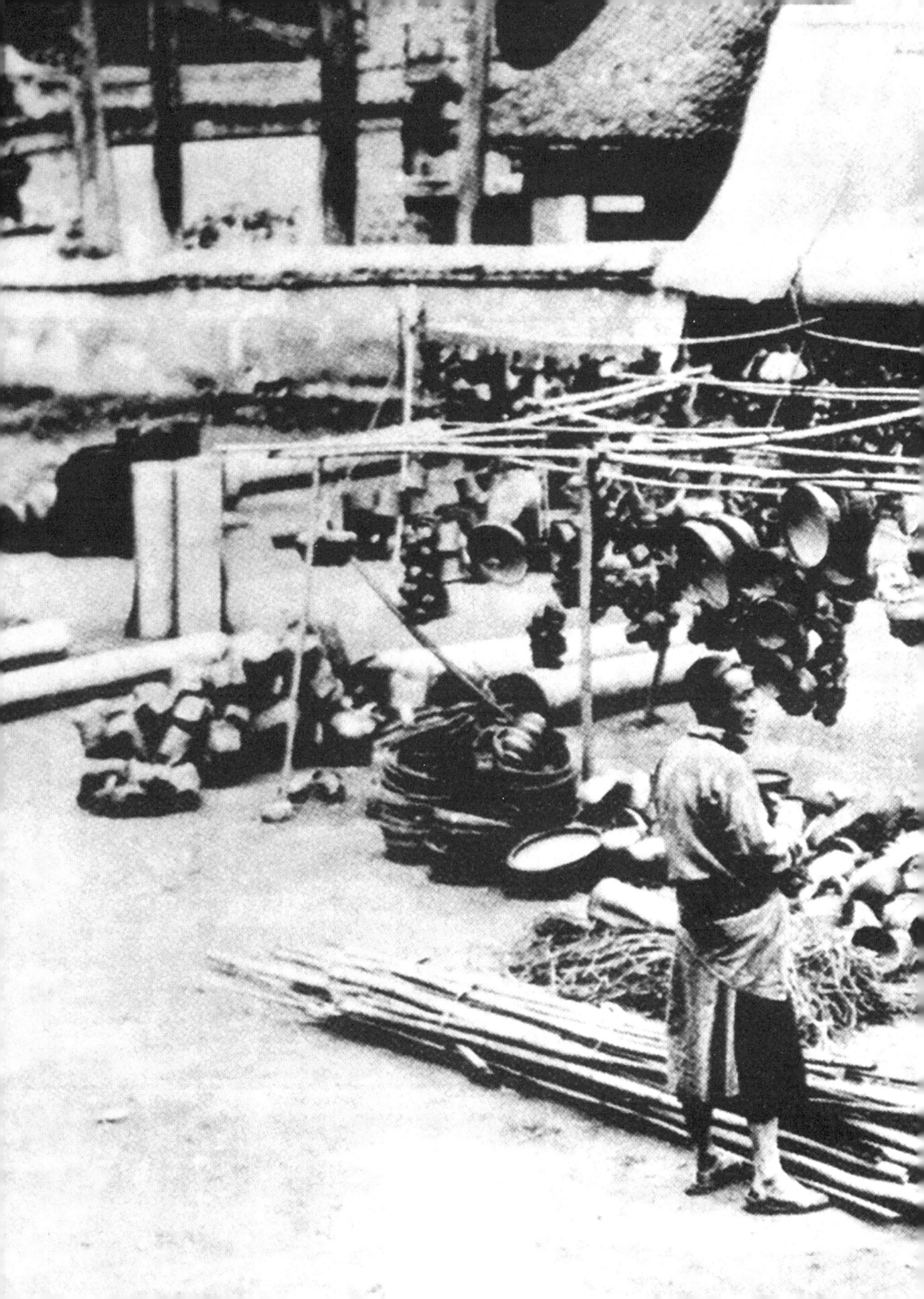

前言

闲话老行当

进入元代，"一百二十行"的提法被社会接受。当时最普及的识字读本《庄农杂字》，开篇第一句就是："佛留一百二十行，唯有庄农打头强。"在日益兴起的杂剧演出中，"一百二十行"已有板有眼地进入"元曲"："三万六千日有限期，一百二十行无休息"（汤式散曲《赠钱塘镘者》）。

到了明代，田汝成的《游览志余》出现了"杭州三百六十行，各有市语"的说法。由此可见，老行当是一个"与时俱进"的名词，从三十六行到七十二行，从一百二十行到三百六十行，我们从中可以看到经济发展的历史轨迹，感受到丰富的社会生活，以及生生不息的巨大变迁。

重庆老行当的历史可以追溯到巴国时代。据《华阳国志·巴志》记载，巴人善酿酒。其"巴乡清酒"一直是巴王向周朝交纳的贡品之一。巴人会采丹。丹砂即硫化汞。古人常作药物、染料。"巴寡妇清，其先人得丹穴而擅其利数世。"这是重庆历史上第一个靠科技致富的女人。巴人能冶铜，巴人制造的巴式剑和青铜编钟，是巴人青铜器的典型。据今人研究，当时的工匠在掌握青铜器合金比例方面，已经达到了中原地区的水平。此外，巴人在制陶、制漆、制茶、

老行当是对社会上正在消失的各行各业的总称。对社会上不同职业的分工，大家比较统一的称为"行"。行当中所做的事，称为"当"。因此，说行当就得先说行业。

关于行业的形成、分类，历史上很早就有"三十六行"之说。周辉在《清波杂录》中称：唐三十六行是指"酒行、肉行、米行、茶行、柴行、纸行、巫行、海味行、鲜鱼行、酱料行、花果行、汤店行、药肆行、宫粉行、成衣行、珠宝行、首饰行、文房行、用具行、棺木行、针线行、丝绸行、仵作行、驿传行、铁器行、玉石行、顾秀行、扎作行、皮革行、网罟行、花纱行、杂耍行、鼓乐行、故旧行、彩兴行、陶土行"。

宋代，行业越来越多，三十六行难以概括，吴自牧在《梦粱录》中就增加了"方梳行、销金行、冠子行、城北鱼行、城东蟹行、姜行、菱行、北猪行、候潮门外南猪行、南土北土门菜行、坝子桥鲜鱼行、横河头布行、鸡鹅行"等等。不久，就出现了"一百二十行"的提法。《宣和遗事》云：宋徽宗"日歌欢作乐，遂于宫中内列为市肆，令其宫女卖茶卖酒及一百二十行经纪买卖皆全"。

行业、职业可以说是城里人生存的依据。行业、职业首先是"饭碗"。一个人，如果在钱庄工作，便有"金饭碗"；如果在邮局里工作，便有"铁饭碗"。如果在不太景气的行业工作，捧的只是"瓷饭碗"、"泥饭碗"，但好歹"有口饭吃"；如果还在读书，则无妨视学校为"准饭碗"，事实上现在许多人考大学、选专业，也都是考职业、选饭碗。总之，有了确定的职业，就意味着有一份工作和一笔收入，可以养家糊口，不怕"没有饭吃"。

职业也是"面子"。过去在"洋行"、"银楼"、"钱庄"、"票号"工作的人，面子也大，架子也大，一般的人见了他就不敢"摆谱"。当然，没有职业，也就没有面子。岂但没有面子，恐怕还会被视为"可疑分子"和"危险分子"。在许多政府机关的门口，都竖着"闲杂人等严禁入内"的牌子，对"无业游民"是严加防范的。

职业还代表着一个人的价值。两个人相互认识时，之所以要询问对方的职业，也是为了探知对方的身份和地位，以便掌握自己态度的分寸。而那些在"洋行"、"银楼"工作的人，也一定会把自己的好职业，赫然地印在名片上。

制盐、制布等行业都有十分成熟的技术。

重庆老行当的历史还可以从老街巷的名称中找到佐证。据《巴县志》统计，在老重庆302条街巷中，以老行当命名的竟有67条之多，反映了老重庆作为长江上游的经济中心，其手工业、商业、金融业发达由来已久。人生开门七件事：油、盐、柴、米、酱、醋、茶。于是重庆城就有了油市街、盐井坡、木货街、米市街、酱园铺、醋房院、茶亭巷。既然金、银、铜、铁在人们的生活中必不可少，所以就有了金沙街、金银巷、打铜街、打铁街。走在这类名字的街巷中，总觉得心里踏实。

说行当就必须说职业。行当中的行业，就是职业。

清人徐珂《清稗类钞·农商类》中说："三百六十行者，种种职业也"。由此可见，行的本义就是职业。在那个动荡的时代，重庆人对于从事什么职业是非常看重的。以前，两个人见了面，如果是熟人，便问"吃了没有"；如果是生人，又没有经过介绍，便多半要问"你是从事什么职业的"。如果是女儿交了男朋友，做母亲的，几乎一定要问这事。

老行当

    姐姐留我歇，我不歇，
     我要回家打毛铁。
    毛铁不赚钱，我去担盐。
    担盐难跑路，我去学织布。
    织布难倒筒，我去学裁缝。
    裁缝难穿针，我去学医生。
    医生难读书，我去学杀猪。
    杀猪杀不死，我去学打纸。
    打纸打不过，我去学推磨。
    推磨推不烂，我去学煮饭。
    煮饭煮不熟，我去煮腊肉。
    腊肉煮不杷，气死我的妈。

  说职业，还得说一说由职业而形成的"圈子"。

  物以类聚，人以群分，不同"行业"、"职业"的人往往形成不同的"圈子"。"行"（hang）的本义又是"道路"，其次是"行列"。同行也就是同道、同列。同行之间，只要不存在直接的现实的利害冲突（如同行在同一个地方竞争同一个业务），一般说来，感情上总存在某种自然的联系，较之非同行要更亲密，也较易交往。所以历史上，老行当都有自己的圈子、团体和组织，叫

  所以，一个城里人，如果找到了一个"好职业"，那就会终身受益无穷。难怪做父母的要关心女儿男朋友所从事的职业，因为这意味着女儿的"终身"是否确有依托。

  职业不仅是饭碗，是面子，而且还可以说是"安身立命之所"。所谓"安身立命"，也就是生活有所依靠，精神有所依托。就中国传统社会而言，当每个人都找到了自己的职业，找到了"安身立命之所"，安居乐业时，便是"天下大治"之日。反之，则是"天下大乱"。其具体表现之一，就是百业凋敝，民众"流离失所"、民不聊生。当大多数人流落他乡，成为流民乃至流寇，则天下焉能不乱？天下大乱自然人心浮动，浮则动，动则乱。所以，"平定天下"，也就是："解民于倒悬"，让每个人都有口饭吃，有件衣穿，有事可做，各得其"所"，安居乐业。

  正因为如此，重庆人对社会上各行各业的优劣、难易，一直有比较清醒的认识，于是一首关于择业的儿歌《打毛铁》，几百年来，在重庆民间广为流传。

    张打铁，李打铁，
     打把剪刀送姐姐。

递时还往往要加以叮嘱："不得外传"。特别是关系到某种实际经济利益的信息、技艺、窍门，祖传秘方更是"肥水不流外人田"，"传子不传女"。比如走方郎中的"汤头歌"，牛偏耳的"扯指拇"，银钱业的"升贴水"，投资行的"贴现率"等等。只能让圈内人"近水楼台先得月"。

所以说圈子在一定意义上，也就是"资源共享"的意思。比如同乡，就是同耕一块地，共饮一江水；同学，是共享"知识资源"。同行，是共享"行业资源"。依照传统的"人情原则"，以前大家在一起共享了"行业资源"。那么，现在有了新的资源（比如新业务），也应该共享。甚至一个小偷（重庆人叫"贼娃子"），行窃得手后，如果恰好碰上另一个小偷，也要"见面分一半"以表示"利益均沾"，因为大家都是"同行人"。如果"吃独食"，则此人在江湖上便会声名狼藉，而且很可能连立足都成问题。

上述种种，虽然在今天看来并无多少道理，但在当时，却又被人们认为"理所当然"。随着时代变迁，"老行当"对于今天的人们已是渐行渐远。如果读者能从这些"正在消亡的老行当中"以小见大，见微知著，则是本书最大的愿望。

做"行会"、"行帮"或"帮口"，就连乞丐也有，叫"丐帮"。行会、帮口内部，有自己的规矩，叫"行规"；有自己的语言，叫"行话"。不懂行规行话，就很难进入他们的圈子，甚至很难和他们交往。老重庆著名的"湖广会馆"就是当时一个外地移民的大圈子，在这个大圈子中又有许多小圈子，例如其中的"陕西会馆"，就是陕西籍的经商人士议事、交流的场所。"广东公所"则是广东等南方来渝人士互通信息、联络感情的会馆。

圈子既以认同（同乡、同业、同行）为前提，则圈子一旦形成，便具有"排他性"，把圈内人视为自己人，把圈外人视为外人，严格按照"内外有别"的原则进行交往。比方说，几个人在一起，如果都是"同行人"，就有说有笑，打打闹闹，而且可以相互开一点"出格"的玩笑。如果这时来了一个人，是圈子以外的，则玩笑立即停止，甚至大家都不说话，弄得那人说也不是不说也不是，十分尴尬。至于隐秘性的传闻、小道消息，也首先是在圈子内相互传递，也就是说，必须按照"资源共享"的原则，给予适当的"照顾"，包括传消息和打招呼。而且传

衣

机坊

《三百六十行营业谣》

五十年前无洋布，只有乡间木机货。
自从各国来通商，洋布盛销我华土。
半是人无爱国忱，半因商战不留心。
利源外溢不思挽，土布何时再畅行？

机坊，就是织土布的乡间作坊。过去老重庆的这种机坊大多集中在江北刘家台、南岸弹子石和石桥铺一带。据清《巴县志》记载：光绪初年，"凡农家妇女多操此业，机声轧轧，比户相闻，茅屋篝灯，恒至半夜。贫乏之家，赖以得食"。

到光绪中叶，洋纱进入重庆，土布为了争取生存，许多机坊改用土纱、洋纱掺和织布。一时间，重庆市场上花布、色布、格子布、三角呢、毯子布等琳琅满目，十分丰富。

洋纱输入的同时，拉梭织机也随之传

抗战时期重庆的纺织车间　　　　手工纺线

20世纪50年代，重庆的手工纺织合作社

重庆纱厂工作的女工（民国）

重庆荣昌民间机坊的手工纺织机

民国时期的"松鹿牌"棉布商标　　民国重庆"渝德"牌色布商标

　　入重庆。这种织机，结构简单，价格便宜，织布效率比老式木机快一倍，且能织宽幅洋布，故织布的机匠丢弃老式木机，重新添置新式木机，以适应市场的发展。

　　1914年欧战爆发后，外国纺织品进口锐减，重庆的手工机坊获得短暂发展，据统计：20年代重庆有手织机坊3000家，铁木织机2.4万台，年产宽窄布100万匹以上。销路北达陕、甘，南至滇、黔，盛极一时，但好景不长，随着电动织布机的引进，洋布的大量涌入，乡间土布机坊的地位日渐暗淡，往日的繁忙景象永远成为了历史。

註冊 **初陽牌** 商標

初陽紡織股份有限公司
重慶廠製造

抗战时期，重庆注册的"初阳"牌商标

火锅最初起源于朝天门码头一带。当时的码头工人将一些牛的动物内脏，加入辣椒、老姜一起煮着吃，又实惠，这就是火锅的雏形，而真正的重庆毛肚火锅。

老行当

裁缝铺

《金瓶梅词话》第四十四回

我做裁缝姓赵，月月主顾来叫。
针线紧紧随身，剪尺常披靴坳；
幅摺赶空走攒，截弯病除手到；
不论上短下长，那管襟扭领拗；
每日内饭三餐，两顿酒儿是要。

最早的裁缝是专为宫廷皇室服务的，称为缝人。《周礼》载："缝人掌王宫缝线之事，以役女御，以缝王及后之衣服。"后亦称内工。高启有《谢赐衣》诗云："奇纹天女织，新样内工裁。"

古人以上身之服为"衣"，下身之服为"裳"。在汉代之前，男人女人是只穿裙子，而不穿裤子的。据说穿裤子是汉文帝皇后的一项发明。古籍记载，汉文帝身体不好，而身边服侍的宫女，又都只穿裙子，颇有惑君之嫌，久而久之，影响皇帝的身体健康。于是皇后想办法，制作出一种中间缝有裆的裙子，取名叫做裤子，命宫女们统统穿上，以减少皇帝的私心杂念。此法后来推广到民间，不论男女都穿上裤子。

民间出现裁缝铺，是唐代的事情。唐朝诗人秦韬玉有《贫女》诗为证："敢将十指夸针巧，不把双眉斗画长；苦恨年年压金线，为他人作嫁衣裳。"这位贫女，应该是一位专业的女裁缝。到了明代，男裁缝已十分活跃。

老重庆的裁缝铺则出现在清末民初。早期的裁缝大都是单枪匹马，走街串巷，以手工招揽生意。其中部分信誉极佳的裁缝由于技术好，制作的衣服样式新，大受市民欢迎，于是开始在街面上租门面，招学徒，承接剪裁、缝纫业务，定制各式衣装，生意十分兴隆。

那时学裁缝既要学缝纫，又要学剪裁。因此，行中规矩很大，学徒三年，也只能包边、合领、上袖、缝绊，若是剪裁下料，还得再学上三年。这里不

镇上的缝纫店　　　　　　　　　缝纫女工

民国时期，重庆的老式手摇缝纫机

单是个成衣式样的问题，高明的裁缝还得会节材省料，换句旧行话说，得会"偷料"。因此有一老俗语："厨子藏肉，裁缝藏料，无可厚非。"做衣服的顾客，明知吃了亏，但只要成衣没毛病，是不会过分追究的。民初，有一首《竹枝词》，就是说的此事。

> 十余年前成衣匠，手艺行中称兄长。
> 宁绸杭缎偷料多，得尺则尺丈则丈。
> 而今算术盛流通，开方乘方人人精。
> 更兼衣裳短且窄，何况缝纫机器二十世纪中。

裁缝（1928年）

裁缝铺（明·刊本插图）

草鞋匠

> 柴扒一堆草一束,打得鞋成力用足。
> 一双只卖几文钱,可怜推脱指尖肉。
> 推草鞋人手指痛,着草鞋人脚趾冻。
> 贫民一样父母生,受苦这般堪一恸。

这首清代的《竹枝词》,既写了草鞋匠的穷,也写了穿草鞋的苦。苦人服务于穷人,穷人挣苦人钱,这是草鞋匠的穷苦生涯的真实写照。

草鞋的制作十分简单:一把谷草,一条长凳,几根麻绳,就可以制作一双草鞋。因此,"一双只卖几文钱"的草鞋很受重庆地区挑夫、脚夫、纤夫的欢迎,因此,穿草鞋是当时最大众化的穿鞋方式。由于打草鞋的原料都是就地取

重庆民国时期打草鞋的工具——草鞋凳和草鞋

编织草鞋过程之三

用木质大锤捣稻草，以编织柔软的草鞋

编织草鞋过程之四

编织草鞋过程之一

编织草鞋过程之五

编织草鞋过程之二

编织草鞋过程之六

材，取之无尽，用之不绝，打草鞋基本上就是一种无本生意，所以，川东地区，沿江居住的农户在农闲时节，几乎家家户户打草鞋，制草鞋也成为当时农家的一种副业了。

草鞋的制作虽然简单，但编织草鞋的历史却十分悠久，恐怕是与人类"兽皮为裳，树叶为裙"的上古时代同时的。在《诗经·魏风》有《葛屦》章，曰："纠纠葛屦。"葛是一种麻类的草，用这种草做成的鞋穿在脚下，走起路来雄赳赳，气昂昂，给人感觉很舒服。这是关于草鞋的最早记载。

草鞋业所供奉的祖师爷，是赫赫有名的刘备。罗贯中在《三国演义》中写道，刘备家境贫寒，曾以卖草鞋为生。在他与关羽、张飞"桃园三结义"时，还正干着这一行。

旧时，各行各业都有自身的社团组织。每一行也都要供奉一位体面的祖师爷，以求"祖师爷保佑，赏口饭吃，事事平安"。因此，乞丐供奉的是朱元璋，因为他小时候要过饭；唱曲的供奉唐明皇，因为他创始了梨园；由此推之，刘备当了草鞋匠的祖师爷，也是顺理成章的事。

剃头匠

老行当中，凡是称呼中带有一"匠"字的，必定是有一定技术含量。如"石匠、木匠、泥水匠"。"匠"是人们对手艺人的尊称。

在老重庆，剃头匠是担着挑子穿街走巷的。那时候不叫"理发"叫剃头，自从男人剪去了长辫之后，人们的习惯是剃光头，当时的剃头工具也只有剃头刀一种，相传这种剃头刀也是从日本传进来的。在此之前，中国人用什么剃刀剃头？不得而知。

关于剃头匠的挑子，重庆人有句老话："剃头挑子一头热"，常常用来挖苦单相思，赌场得意，情场失意的落魄男子。为什么剃头匠的挑子一头热呢？很简单，剃头挑子一头是只板凳，给剃头的人坐的，而另一头是一只小火炉，火炉上有一只小铜脸盆，烧着热水，用来洗头刮脸，所以，剃头匠的挑子永远只有一头是热的。

剃头这一行，有其独特的生财之道。晚清兰陵忧患生写的《京华百二竹枝词》中有剃头铺一道：

> 牟利各行有秘传，剃头铺子最新鲜；
> 要他不惜工夫好，给了活钱又酒钱。

话虽如此，但剃头匠的多项服务也是十分到位的。一个高明的剃头匠要掌握多种技能。即剃、刮、梳、编、掏、剪、剔、染、捏、拿、捶、按、接、活、舒、

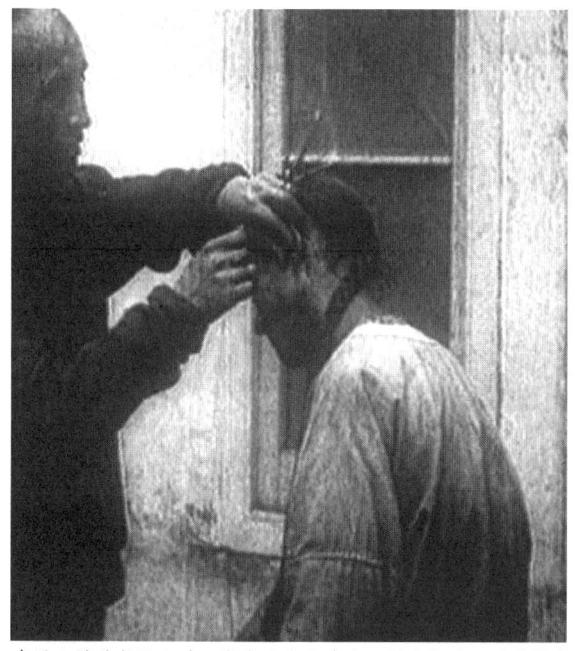

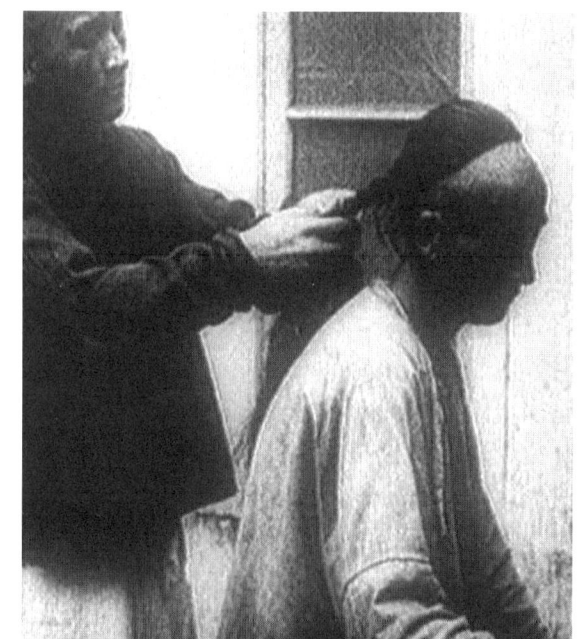

在男人没剪长辫之时，剃头匠除了洗头、刮脸之外，还要梳头、编辫子、掏耳朵

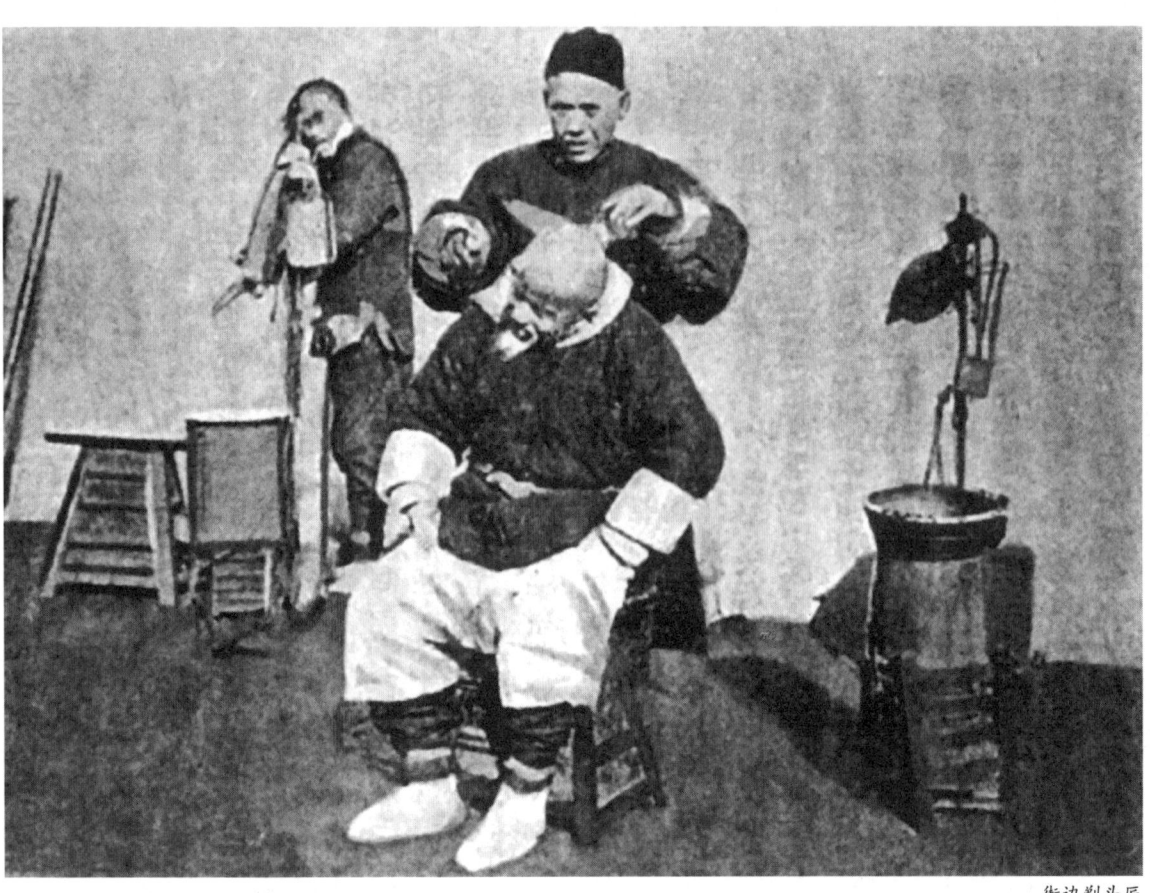

街边剃头匠

补。前八种是做头上的活，后八种是做身上的活，共有一十六种。仅头上，除剃头、刮脸，还要梳头、编辫子、剪头、染头发，还要会剔眼、掏耳朵。

挖耳也是剃头匠的一门手艺。挖耳，就是取耳垢、取耳茧。人人都会长耳茧，耳茧积多了，会影响听力，发炎得耳疾。有的老年人还生耳毛，也需要按时清除。因此，民间有"挖耳、捶背、打嗝、放屁，为人生四大快事"之说。此外，有的剃头匠还会推拿按摩，但凡碰到头痛脑热或颈部扭伤者，他们都会紧急处置，手到病除，这也是剃头师傅们的一手绝活。可惜的是这些民间的绝活现在大都失传了。

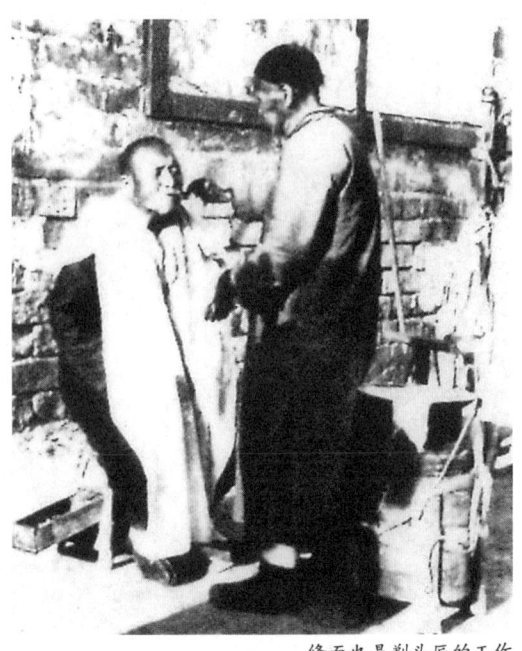

修面也是剃头匠的工作

老行当

据说火锅最初起源于朝天门码头一带，当时"棒棒"（搬运工）一起吃老姜、辣椒，而真正成形的雏形重庆毛肚火锅的是"水八块"。这就是火锅的雏形。"又便宜又实惠"，又没人要的动物内脏或头蹄下水加入

火锅最初起源于朝天门码头一带。当时的码头工人将一些动物内脏或头蹄加入辣椒、老姜一起煮着吃，这就是火锅的雏形，而真正的重庆毛肚火锅既实惠又卫生。

老行当

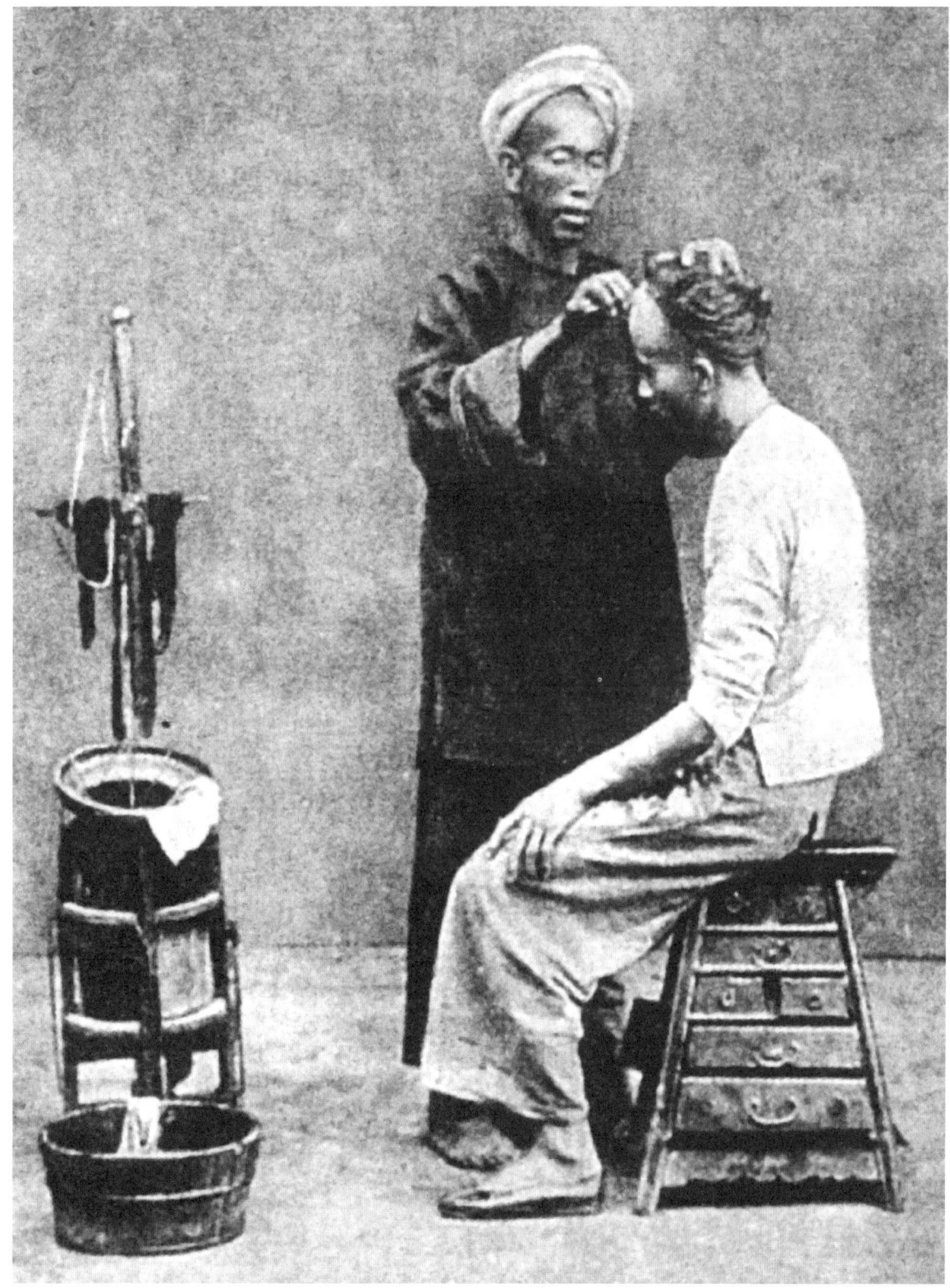

街边剃头匠

按摩、捶背也是旧时剃头匠的一门手艺绝活

古镇上的理发师

老行当

据说，火锅最初起源于朝天门码头一带，当时的码头工人皆没人要的动物"肉脏"或"头蹄"加入辣椒、老姜一起煮，又顷宜、又实惠，这就是火锅的雏形，而真正的重庆毛

银楼

　　银楼，就是专门制造、出售金银首饰的作坊、商铺。过去，在朝天门西侧，有条街叫三品金堂街，这条街是当时老重庆银楼最集中的街区。国民政府西迁重庆后，沿海同胞纷纷逃难到大后方，江浙一带的金银工匠也随之迁到内地。一时间，重庆的"老凤祥"、"老天宝"、"方九霞"、"杨和庆"、"金雀钗"等十几家新旧银楼相继开业，顾客盈门，生意十分兴隆。这一时期也是重庆银楼业的鼎盛时期。这些银楼，有的专营金银首饰，有的兼营珠宝玉器，文物古董，还有的兼营票号、钱庄业务。此外，民间还有手持铁器、哐啷作响，荷担串街的跑摊银匠，这些跑摊匠持的铁器叫做"闹街"。宠爱小孩的父母，一听到"闹街"响，就叫唤银匠到家中，给小孩打造"长命锁"、银项圈、银手镯等等。

　　为什么老重庆人对金银饰品如此珍视，究其原因有三：

　　首先，金银首饰是爱情的象征。重庆早年婚礼喜事十分隆重。俗话说："小登科洞房花烛夜，大登科金榜题名时。"男女两家一经定下婚期，即使住在远郊的乡绅人家，也要唤银匠在家打造金银首饰。男方要打造新娘的簪钗环佩、钗钿瓔珞。女家也要有回礼，两只银镶碗，两双银镶筷，一面银打的庚牌，上面刻有新郎新娘的年庚生辰。这些都得叫银匠打造，或事先向银楼订购。

　　抗战期间各地流亡来重庆的或为官为宦，或为商为贾，这些人在沦陷区虽有"沦陷夫人"，还得在重庆结个"抗战夫人"。虽然战争期间婚礼可以从简，但赠

抗战时期热闹的朝天门街上，银楼生意非常兴隆

创办于19世纪中叶的"老凤祥银楼"

送手镯、戒指给"抗战夫人"作爱情信物，是不能从简的。当时银楼、金店各式戒指、手镯备有现货，随时可以买到。

其次，民间有金银首饰能辟邪的风俗。银子古称"白金"，是有精灵的。据古书记载，金银首饰有辟邪的功能。在文学名著《红楼梦》中，对薛宝钗的金项圈，癞头和尚送了八个字："不离不弃，芳龄永继"。也就是说，戴上这金项圈不单辟邪，还能永葆青春如花似玉。

抗战时期，日寇屠杀，飞机轰炸，老百姓流离失所，随时随地都可能遇到

老行当

据说火锅最初源于朝天门码头一带，当时码头工人又倾宜又实惠，这就是火锅的雏形，而真正的重庆毛肚火锅

火锅最初起源于朝天门码头一带。当时的码头工人将一些动物的内脏或猪头肉，加入辣椒、老姜一起煮着吃，一锅荤腥而真正的重庆毛肚火锅，又实惠美味。这是火锅的雏形

老行当

抗战时期银钱业聚集的小什字

民国时期，小什字一带集中了多家银楼

不测的灾难。人们把现钞买成金银首饰戴在身上，希望能辟邪躲灾。1940年6月较场口大隧道惨案，据说从尸体上取出的金银首饰满箩盈筐。可见金银首饰辟邪的风气多么盛行。当然能否辟邪躲灾是另一个问题。

此外，民间还有"盛世买文物，乱世藏黄金"的习惯。但凡遇上战乱，有钱人家首先想到的就是购买黄金白银。抗战期间，通货膨胀，货币贬值，钞票一日数变，只有黄金白银能够保值、增值。李行建先生当时就写过一篇《竹枝词》哀叹物价的飞涨："物价一天几十变，扶摇直上九重天。愁卧草堂午梦醒，青蚨半已化青烟。"实际上当时物价飞涨，已达到史无前例的程度，据统计：法币100元在1937年可以买两头牛，到1938年只能买一头牛，1941年买一头猪，1943年买一只鸡，到1945年只能买到一条鱼。物价的不断上涨，钞票的天天贬值，驱使着越来越多的人把纸币兑换成黄金白银。抗战期间有人调查估计，如果把中国民间的金银首饰集中起来，可以和日本人打20年仗。这固然是抗战宣传，但也说明民间收藏金银首饰之风越演越烈。

黄白之术出于道家，因此，金、银匠奉祀李耳为祖师爷，重庆的金银匠每年农历二月十五在小梁子银楼公所做"老君会"，唱戏摆酒，祭祀道教始祖李老君，由于抗战时期银楼生意异常火暴，所以每年一度的"老君会"总是宾客盈门，盛况空前。

食

老茶馆

  说茶馆，就不能不说茶。重庆是我国最早的种茶地之一。据《华阳国志》记载，汉晋时代巴渝地区就是茶叶产地，涪陵郡"唯出茶、丹、漆、蜜、蜡"。
  唐朝陆羽《茶经》载："茶者，南方之佳木也，一尺、二尺延至数十尺。其巴山峡川有两人合抱者，伐而掇之，其树如瓜芦，叶如栀子，花如蔷薇，蒂如丁香，根如胡桃。"《茶经》云："荆巴间采叶作饼。叶老者，饼或以米膏出之。欲煮茗饮，先炙令赤色，捣末置瓷器中，以汤浇覆之，用葱、姜、橘子芼之，其饮醒酒，令人不眠。"这是关于重庆人种茶、饮茶的最早记载。
  重庆人不仅喜欢种茶，尤其喜欢饮茶。老重庆的茶馆大都具有休闲功能。近代以来，重庆得两江之利，沿江码头，帆樯林立，生意兴隆，在船上饱经风吹日晒的船员，一到码头，喜欢在沿河街的茶馆喝茶听曲，尽管唱曲的姑娘非

清末民初的街头茶馆（1911年）

重庆老茶馆漫画：老虎灶、长嘴壶、盖碗茶

常一般，但在他们眼里，简直姣若春花，媚如秋月。所唱曲儿，无非《下里巴人》，他们听来，声韵婉转，销魂醉魄。对于这些风里去，雨里来的船员来说，在茶馆喝茶听曲也是一件乐事。

重庆的老茶馆还具有交际的功能。当时有一种茶馆，叫"生意茶馆"，这种茶馆，大都开设在各行业的铺面旁。如米亭子的米市，关庙街的钱市，下半城的山货、药材市场等旁，各行业都有"生意茶馆"。商人们坐在茶馆里，探听信息，预测商情，或者买进、或者卖出，坐茶馆，几乎成了当时各行各业老板的一项日常工作。

此外，茶馆还有平息是非的功能。比如"吃讲茶"。吃讲茶是旧重庆江湖上袍哥大爷用来摆

古镇上的茶楼

老茶馆

平纠纷的一种手段。旧重庆的袍哥势力很大,据统计,当时重庆袍哥有九万多人,设有五百四十多个公口,大多公口都设有公口茶馆。这些茶馆,主要由各堂口的袍哥大爷经营,各个公口之间遇有矛盾纠纷,就在这些公口茶馆"吃讲茶",谁输了谁付茶钱。在这里吃讲茶的既有达官绅士,也有黑道土匪,还有卖艺的、赌博的、跑码头的,鱼龙混杂,茶馆几乎成了三教九流的活动场所。

  抗战期间,国民党政府以重庆是远东军事指挥中心的缘故,加强舆论控制,限制言论自由,在各个茶馆张贴告示:"休谈国事,勿论军情"。防民之口,胜于防川。所以,当时重庆流行一首《茶馆小调》:

> 诸位先生,生意承关照,
> 国事的意见,千万少发表。
> 谈起了国事容易发牢骚,
> 惹起了麻烦,你我都糟糕。
> 说不定你的差事就撤掉!
> 我这小小的茶馆,也贴上大封条;
> 撤了你的差事不要紧,还要请你坐监牢!
> 最好是今天天气,哈……哈……!
> 喝完茶来回家去,睡它一个闷头觉。

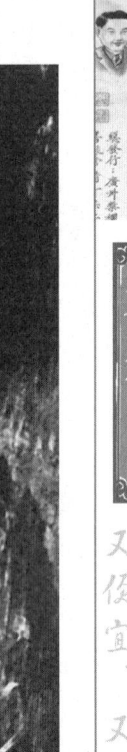

老茶馆

老行当

板凳没人要的动物内脏或头蹄加入辣椒、老姜一起煮，既没人坐又便宜又实惠，这就是火锅的雏形，而真正的重庆毛

抗战时期南温泉仙女洞开设的夏季纳凉茶馆

街边茶馆小景

夏日茶座

古镇河街丁字口茶楼——君子居

饮茶，是老年人的一种休闲方式

老行当

烟摊

喝茶抽烟，是市民百姓的一大需求。但是，茶有品级，上至极品龙井，下至"茶末"，也就是茶叶铺从案桌上扫起来的茶叶屑，全都叫喝茶。吸烟更是如此，旧重庆有钱的人都吸"大炮台"、"加立克"、"司太非"和铁听装的"使馆牌"、"司令牌"香烟。而平民百姓最常吃的是一种本地出产的水烟和叶子烟。为什么？因为叶子烟价钱最低。当时拉车的、卖菜的、贩鱼的，一切出卖劳动力的人，全都吸叶子烟。一个小烟摊一天卖不出去几包"大炮台"、"哈德门"，但却能卖几十把叶子烟。

重庆最早的香烟，是1904年出现的"英美烟草公司"的香烟。那时，吃惯了叶子烟的重庆人尚无吸香烟的习惯。洋烟推销人员为打开销路，用五支装的"美人牌"、"鲨鱼牌"香烟，沿街到商店、烟摊、茶馆乃至饭馆免费赠送。但大家怕中毒，拒吸者甚多，于是，推销人就当众吸食，

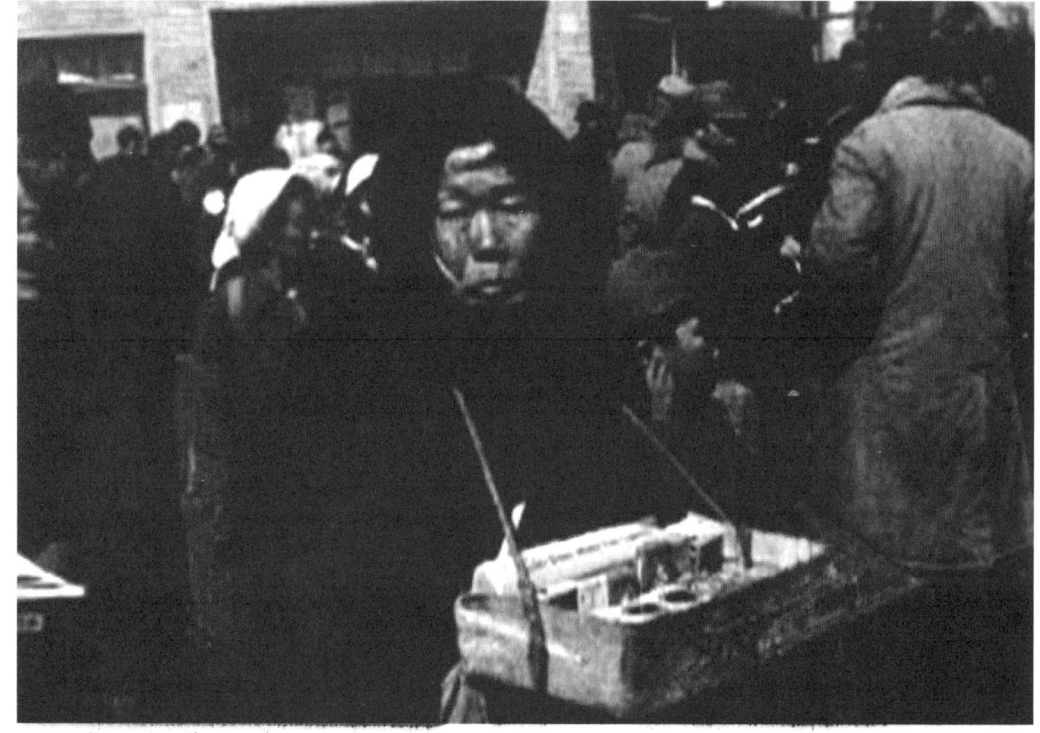

民国时期，香烟广告

旧重庆卖烟的老大娘

老式商铺也兼卖香烟

以示无毒。经过反复宣传，香烟又确实比水烟、叶子烟味道好，又携带方便，这样才有人掏腰包开始买香烟了。

香烟历来是暴利行业。当时重庆正处于军阀混战时期，军阀们整天想的是如何扩军抢地盘，哪有心思去管这些"抽烟吃茶"的小事，于是乎，在整整二十年中，"英美烟草公司"几乎独占了重庆的烟草市场。市面上遍街都是"哈德门"、"大炮台"以及"使馆"、"司令"等等纸包装和听装香烟。重庆人

民国时期，香烟广告　　　　　　　　　　　　　　　抗战时期中国利兴烟公司制作的香烟广告

的钱财就这样大量地被洋商囊括而去。据资料统计，1936年为"英美烟草公司"销售香烟的"永泰和公司"的年收益率达120%，而1941年"颐中烟草公司"的收益率竟高达180%！真是肥得流油。

　　值得一提的是，抗战开始后，重庆人自力更生，奋发图强，在生产火柴的同时，也生产出本地产的香烟。当时，重庆生产的火柴与香烟的品牌、商标上面，也呈现出抗战的内容与色彩。重庆生产的狮球牌火柴，在醒狮与地球之间，寄托着民族振兴的愿望。重庆蜀益烟草公司生产的"胜利牌"香烟，更是包含了山城人民对抗战必胜的坚定信念。

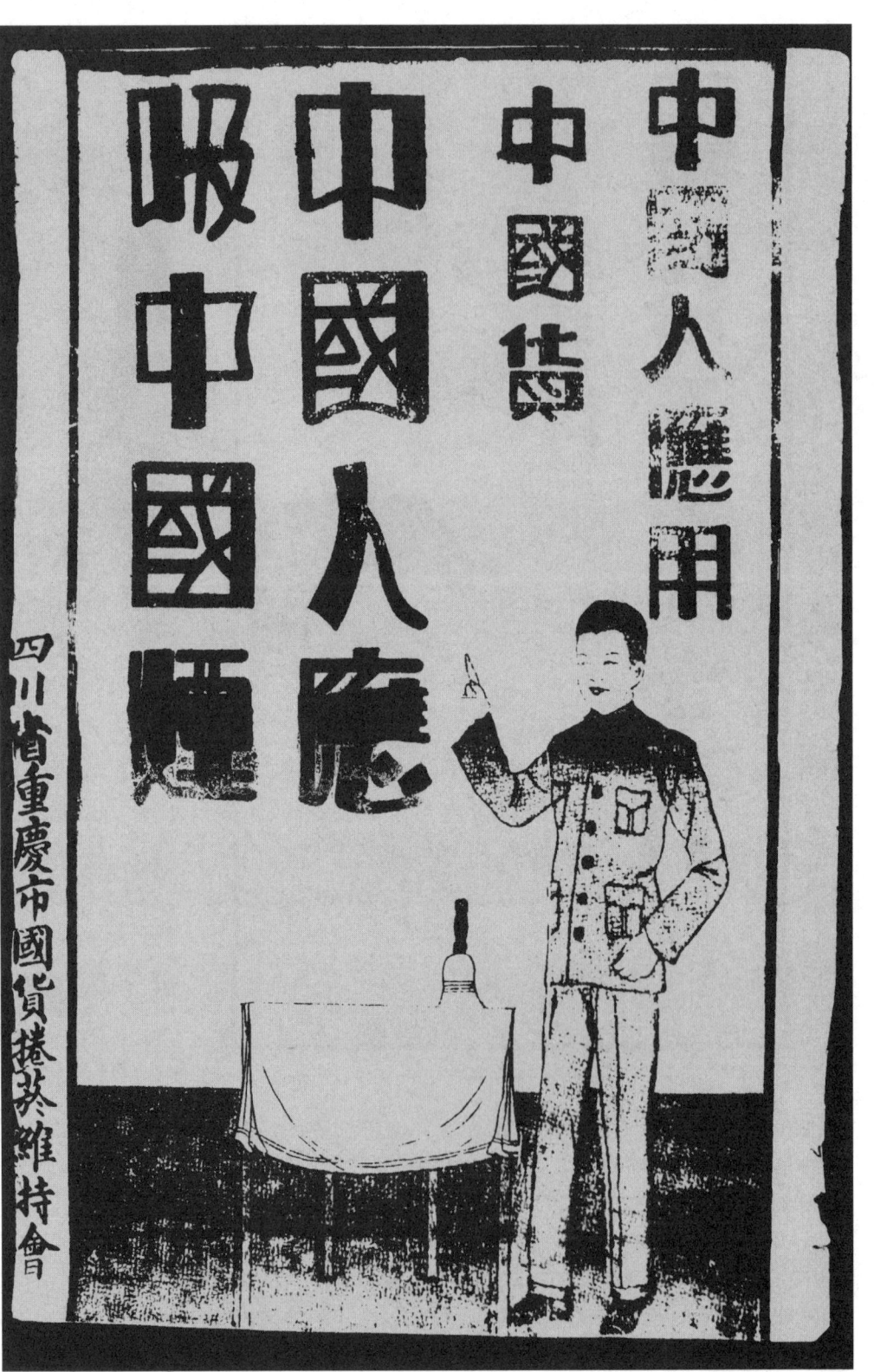

民国时期的香烟广告

老行当

据说，火锅最初起源于朝天门码头一带，当时的码头工人没人要的动物内脏或头，加入辣椒、老姜一起煮，又便宜、又实惠，这就是火锅的雏形，而真正的重庆毛肚

烟馆

如果说北方人吸食鸦片，是从八旗子弟开始的话，那么重庆人吸鸦片则是始于有闲阶级。当时重庆城的绅商人士，有产阶级以吃鸦片为时髦。那时的商贩也在闹市区沿街设摊，公开出售烟枪、烟灯等吸食的用具。有的还在江边码头公开设烟馆，致使吃鸦片的恶习越演越烈，后来，不光是有闲阶级的人吸，就连繁忙的下力人也跟着吸起来，到清朝末年，重庆城几乎到处可见鸦片烟鬼。

听老人们讲，那时的鸦片烟鬼都是一个模样：个个精瘦，无精打采，全像是染上了重病一般，走在街上一点力气也没有，随便一阵风，就能把他们吹倒。到了犯烟瘾的时候，那就更成了一摊烂泥，倒在马路边上，连说话的力气都没有了，看着都让人替他们感到可耻。重庆城有不少大户人家的子弟染上了吸食鸦片的恶习，最终倾家荡产，穷困潦倒，妻离子散，家破人亡，流落街头，冻馁而死者比比皆是。

那时重庆的海关由英国人把持，正当林则徐在广东力主禁烟的同时，英国

民国时期，鸦片种植场

老行当

据说，火锅最初起源于朝天门码头一带。当时的码头工人，老姜一起坠入，没人要的动物内脏或头蹄，加入辣椒、又便宜又实惠，这就是火锅的雏形。而真正的重庆毛

晚清时期，抽水烟的青楼女子

36

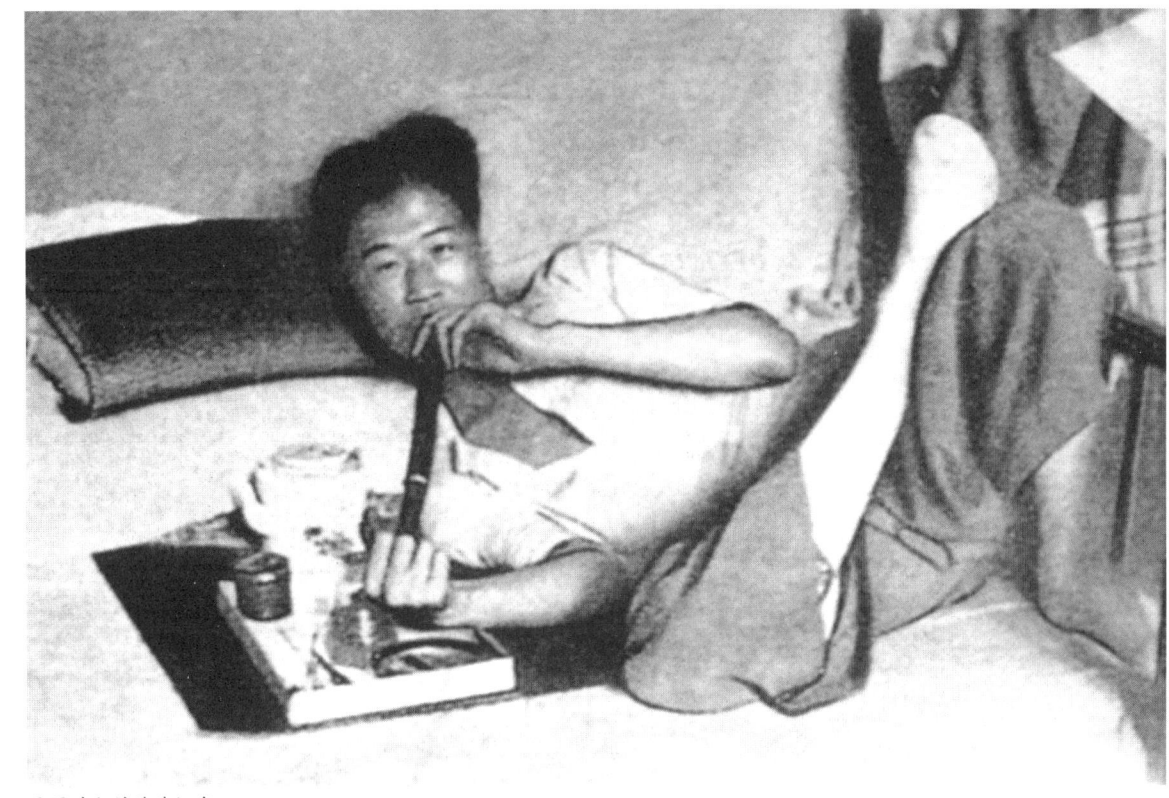

火锅最初起源于朝天门码头一带，当时的码头工人将一些牛的动物内脏或头蹄加入辣椒、老姜一起煮着吃，而真正的重庆毛肚火锅又实惠，肉这就是火锅的雏形

民国时期的鸦片烟鬼

民国时期，涪陵地区签发的鸦片（又称川土）特许采办证

老行当

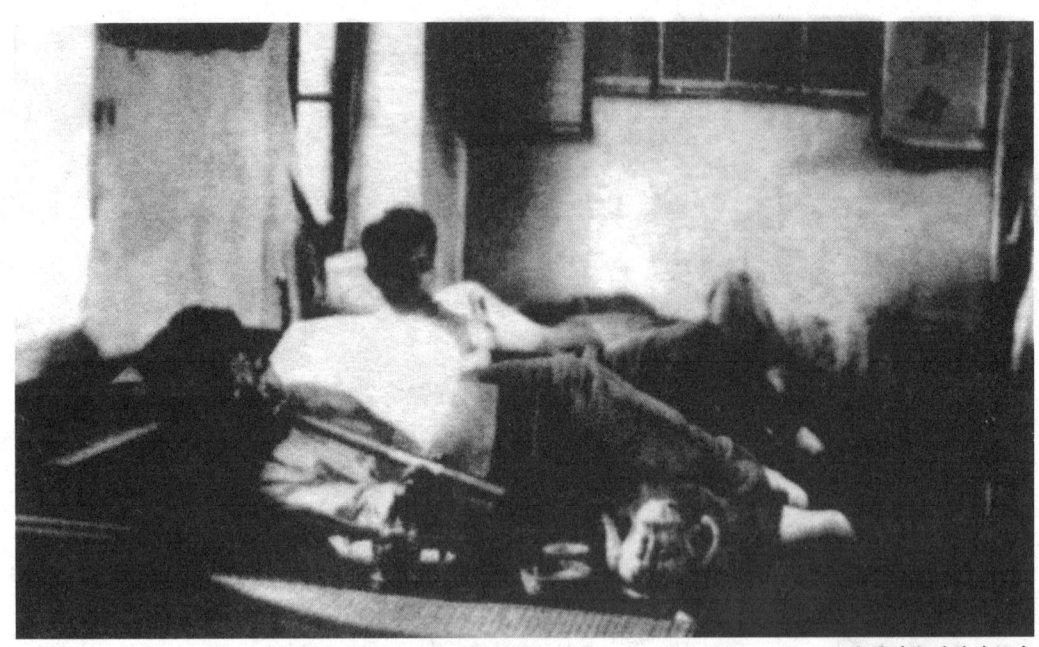

民国时期的鸦片烟鬼

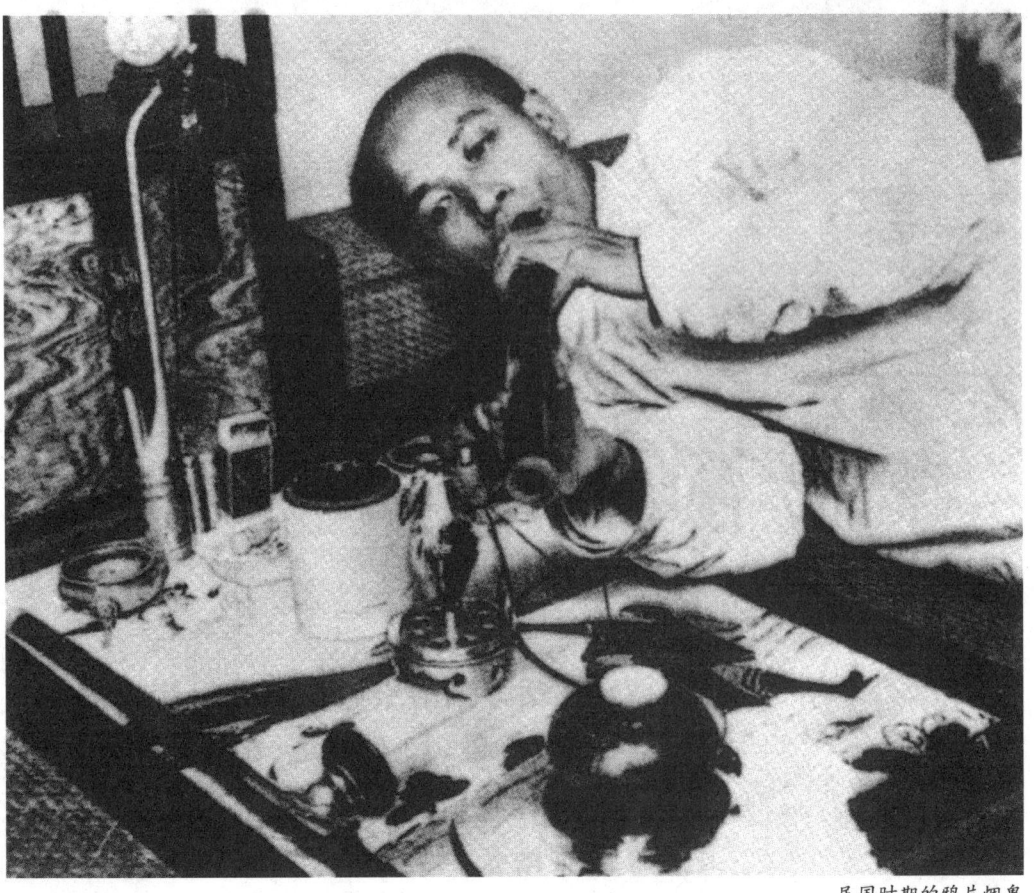

民国时期的鸦片烟鬼

老行当

据说，火锅最初起源于朝天门码头一带。当时的码头工人没人要的动物内脏或头，加入辣椒、老姜一起煮，又便宜又实惠，这就是火锅的雏形。而真正的重庆毛

火锅最初起源于朝天门码头一带。当时的码头工人将一些又实惠的动物内脏或头、蹄加入辣椒、花椒、姜一起煮着吃，这就是火锅的雏形。而真正的重庆毛肚火锅

老行当

戒烟所里的烟民

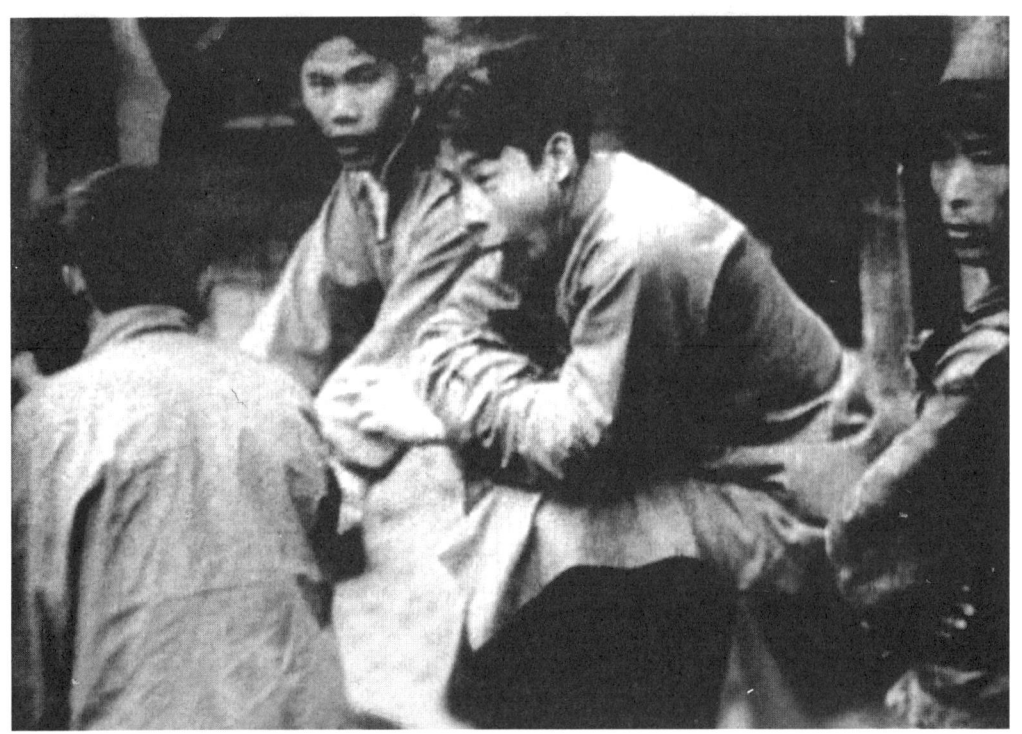

今天混得烟瘾大发，"生意"不大好做了

商人却把重庆看成是一个走私鸦片的最大市场。当时的鸦片贩子绕道东南，通过重庆直接向内地走私鸦片。据鸦片走私贩子们说，鸦片船只要打着洋行的旗帜，驶入重庆口岸的时候，并无官员稽查，只是大概看看而已。如此，鸦片就从这个不设防的口岸登上中国内陆而毒害国人了。此时的山城，烟馆处处，烟灯陈列，鸦片生意更是格外"兴隆"。当时有人写过一副对联，揭露鸦片的毒害："一杆竹枪，杀遍豪杰不见血；半盏灯火，烧尽房产并无灰。"

上等烟具配上上等烟丝，供人吸食

后来，竟有人提出，与其千里贩运鸦片，不如干脆就地种植。于是乎，几年间重庆川东一带种植鸦片之风越演越烈，据民国1916年官方统计：重庆地区种植鸦片141.6万亩（1亩＝667平方米），巴县当年正在戒烟人数为1074人（其中男814人，女260人），已戒断人数为572人（其中男413人，女159人），私吸发现人数为73人（其中男61人，女12人）。此时正值四川军阀混战时期，川中大大小小的军阀为获取军饷，实际上对鸦片种植暗地支持，甚至直接参与其中买卖。可悲的是，人人都知道鸦片的毒害，而人人却没有能力制止鸦片贩运和生产，只有眼睁睁地看着鸦片流入市场，毒害国人。庆幸的是这些东西现在都成为了历史。

榨坊

　　过去几乎每一个场镇都有一座榨坊,榨坊发出的砰砰声,很远都听得见,还可以闻到从榨坊里散发出来的香油气味。当时的榨房,一般都比较高大,亮光从屋顶的天窗中透进来,直射在巨大的木制榨机上,给人一种神秘感。那时的榨油作坊一般都设在后院,临街再开一间小小的油店。每当初夏时节,乡下人赶场,一手提油罐,一手提着新收的菜子儿,来到油店。伙计接过提兜里的菜子儿一量,报一个几升几合的数字,然后回身从油桶里拿起一只油提(一种牛耳朵形的长柄竹筒,是量油器,有250克、500克的不同型号),往油罐里灌菜油。这就是"以菜子换菜油"的交易方式。

　　当然也可用钱打油。榨坊除交换菜子、零售外,也把菜油批发给"卖油郎"。卖油郎挑着油担,走村串户。农村习俗,最穷的人也要买二两菜油炒泡青菜。农村妇女则喜欢用菜油泡栀子花,护肤美容。平常有点小的烫伤,用菜油一抹,滋肤止痛,十分灵验。

乡场上的机械榨坊

买香油（民国）

  乡镇上榨坊，除了榨菜油外，还兼榨桐油。重庆是西部地区著名的桐油产地，当时的川东丘陵地带，满山遍野都是郁郁葱葱的桐树。白露过后，大人小孩来到桐树林，拿起竹竿，一阵扑打敲击，桐果雨点般噼里啪啦落下来，然后大担小担运回村里，剥出含油的桐子，成批地送进榨坊。

  榨桐油的程序也很原始：先把桐子放在碾池中碾碎，再放进大铁锅上蒸；蒸熟的桐子用谷草包成圆饼，按顺序放到架上，打油人赤着膊，围着皮裙，把大小不等的木楔依次嵌进榨机的空处，便手拉起那根长长的悬空的槌，吼着悠长的号子，突然一撒手，油槌便朝榨机上的木楔打了过去。随着油槌的

磨香油（民国）

　　反复捶打，木楔便一寸寸地向前挤压，于是黄色、半透明的桐油，随之流进了地下的油槽。

　　桐油又是重庆经济价值巨大的出口物资，单是重庆义瑞行每年出口到美国的桐油就多达两三万吨。涪陵、合川、巴县是桐油产地。万县更是川东桐油的集散地，国内的公司和洋行，每年都在这里收购桐油。万县的桐油价格比上海低，义瑞行每年从两地的差价中就要赚数万美元。同时万县的秤又比汉口每担大5%以上，桐油行业的市语叫"升秤"。每年冬春两季，义瑞行仅"升秤"一项就可赚三百吨桐油。桐油行业的如此厚利，使得当时重庆各路商家如聚兴诚银行、生利洋行、日商三重公司、义瑞行，都纷纷派人在这里设庄收购桐油。

　　由于桐油在当时是一种战略物资，因此，其交易价格常常受到军事、政治局势的冲击，上下波动很大。为此，凡大一点的桐油商都分别在上海、汉口、万县、重庆等地派驻专人打听价格行情。市场价格稍有起伏，就急电重庆总部，总部又将密电分送各地商号，立即买进或卖出，同时把送信人"封闭"起来，以免走漏风声。其机密程度，几乎和打仗一样。怪不得人们常说"商场如战场"，如此看来，是很有道理的。

油腊铺

老重庆是一座商业城市，说起做生意，大家都有兴趣。有的人开口就是苏广百货，闭口就是金银珠宝。看起来又光彩又漂亮，利润又丰厚，但谁要说起开油腊铺，大家都会摇头说：耗子尾巴熬汤——没油水。其实，小生意赚大钱，油腊铺是一个利润不薄的行业。据《史记·货殖列传》载："贩脂，辱处也，而雍伯千金；卖浆（醋），小业也，而张氏千万。"正因为如此，油腊铺成为老重庆最常见的铺子之一。这些商铺主要经营老百姓生活中必不可少的酱油、麸醋、豆瓣、甜酱、花椒、胡椒、腊肉、黄糖等，兼卖香油纸烛、洋火、香烟等。成立于1936年的"人道美"便是当年重庆著名的油腊铺。

开门七件事，柴、米、油、盐、酱、醋、茶。除柴、米之外，油、盐、酱、醋、茶都可在油腊铺买到。这又是每天人人要，个个买的必需品，因此，油腊铺也就天天生意兴隆。即使小油腊铺，只要地点适中，店内清爽，货色齐备，货真价实，顾客自会光顾。有的油腊铺做着两重生意，老板坐店经营，伙计则挑着一担麸醋、酱油走街串巷，两条渠道售货，生意兴隆，财源滚滚。

现在的人比古代人更讲究菜肴的色香味，每天消耗调味品更多，油腊铺的生意前景更为可观。到重庆"人道美"、"黄花园"买酱油、打麸醋等调味品的顾客，不是经常需要排队吗？

"张家祖传咸菜"，这是乡场上的一种推销方式

45

火锅最初起源于朝天门码头一带。当时的码头工人将一毛肚加入辣椒、姜一起煮着吃，这就是火锅的雏形，而真正的重庆毛肚火锅又实惠，动物内脏头蹄又脆，咸头就是火锅。

老行当

创始于1936年的山城老字号"人道美"，至今仍是重庆人最喜欢的油腊铺

老行当

走街串巷的小商贩

火锅说起源于汉代，最初的名字叫"古董羹"，当时的人要的是动物的内脏或头蹄，加入辣椒、老姜一起煮。这就是火锅的雏形，而真正的重庆毛肚火锅诞生于二十世纪二十年代的重庆江北码头，那里聚集了许多码头工人，他们没人要的动物内脏或头蹄，加入辣椒、老姜一起煮，又便宜又实惠。

火锅最初起源于朝天门码头一带。当时的码头工人将一些又实惠的动物内脏或头蹄加入辣椒、花椒、老姜一起煮着吃，这就是火锅的雏形而真正的重庆毛肚火锅

老行当

老重庆街头小贩

传统副食店

老行当

据说，火锅最初起源于朝天门码头一带。当时的码头工人的动物"内脏"或头蹄加入辣椒老姜一起煮，没人要的动物"内脏"或头蹄既便宜又实惠，这就是火锅的雏形，而真正的重庆毛

48

毛肚火锅

据说，火锅最初起源于朝天门码头一带。当时的码头工人将一些没人要的动物内脏，加入辣椒、老姜一起煮着吃，又便宜、又实惠，这就是火锅的雏形。而真正的重庆毛肚火锅则出现于清末民初，地点是今日的长江北桥头的宰房街。那时重庆的牛贩子多从贵州一带运黄牛来渝。他们头一天晚上在南岸的牛栈房过夜，次日清晨从黄葛渡过江，赶到宰房街宰杀牛。每天的牛肉总是一抢而光，而牛的下杂特别是牛毛肚和牛血旺不易卖出。此时，有两个姓马的兄弟突发奇想，廉价收购不易售出的牛毛肚和血旺，在宰房街开了一家小餐馆。他们用牛油、辣椒、花椒等作料熬成一锅汤，将毛肚漂白洗净，去梗，作为主要菜品，顾客来了，点一份毛肚，给一碟芝麻酱和蒜泥的调和，且烫且吃。不料其味鲜辣脆嫩，奇香无比。于是一传十，十传百，慕名而来的品尝者络绎不绝。毛肚火锅，由此得名。

抗战时期，国府西迁，毛肚火锅迎来了第一个黄金时期，泥炉依旧，只是将单一的牛杂，转为增加了生鱼片、活鲫鱼、鸭杂、鳝鱼等，素菜也更丰富。一些外来的达官贵人、名人雅士一到重庆都要来这些火锅店中品尝。当时有一家名叫"汉宫"的火锅馆，开张时在重庆各大报纸上打出醒目的广告："日暮汉宫吃毛肚，家家扶得醉人归。"一时高朋满座，传为佳话。

火锅的始祖是旧社会的脚夫、船工

老行当

据说，火锅器物起源于朝天门码头一带，当时的船工、老姜一起毛……些没人要的动物内脏或头蹄，加入辣椒，真正的重庆毛又便宜又实惠，这就是火锅的雏形而

重庆老火锅

传统老火锅用具

火锅最初起源于朝天门码头一带。当时的码头工人将一些又实惠的动物内脏或头蹄加入辣椒、老姜一起煮着吃，这就是火锅的雏形，而真正的重庆毛肚火锅

老行当

重庆老火锅馆

糖关刀

旧重庆从事老行当的人，大多是凭本事找饭吃。在众多的行业中，最讲究心灵手巧的恐怕要数糖关刀。所谓糖关刀，实际是手艺人用糖液在石板上作画，因倒制的人物中有关公耍大刀一种，故称糖关刀。

学糖关刀首先要拜师。想投某师，先要请人介绍，进行担保，然后举行拜师会收徒。师傅择徒，除注重人品外，尤其注重对自然物象的模仿能力。学徒弟的第一步是先在家中学习绘画技能，待有了一定基础后，再上街跟随师傅在实践中逐渐磨炼。三年学徒期满，经同门师辈承认，再自立门户，独立从事糖关刀职业。

糖关刀的学习过程比较漫长，而制作过程则很简单：人坐小凳上，前面放一个小煤炉，待火旺后，把事先熬制好的红糖块，放入铜锅，待熔化后，再用小瓢舀起，往大理石上倒出厚薄、粗细不同的线条来组成花鸟鱼虫，栩栩如生，深受大人小孩喜爱。

此行业兴于何时？据糖关刀艺人白世云、樊得希讲：相传唐代陈子昂（四川射洪县人）在家时很喜欢吃黄糖，他的吃法与众不同，首先将糖熔化，在清洁光滑的桌面上铸成各种小动物，待凝固后拿在手上，一面赏玩一面吃。还有的人认为糖关刀起源于汉代。明朝成化年间，朱望子在咏"糖丞相"二首中写道：

> 液蜜为人始自汉，印成袍笏气轩昂。
> 狻儿敛足为并列，李耳卑躬属同行。

从这些诗文的描述中，可以看出糖关刀在明代已相当流行。民国初年，由于从业者众多，还成立了糖关刀艺人的行业公会"太阳会"，供奉"太阳菩萨"，每年的农历冬月二十四日为会期。到会期这天，会场设香案，供"日公天子"神位牌，另挂百寿图一幅，上分一百个方格，每方格内填上一位已故艺人的姓名，以示尊师重道，传承有序，这恐怕也是糖关刀行业历久不衰的原因吧。

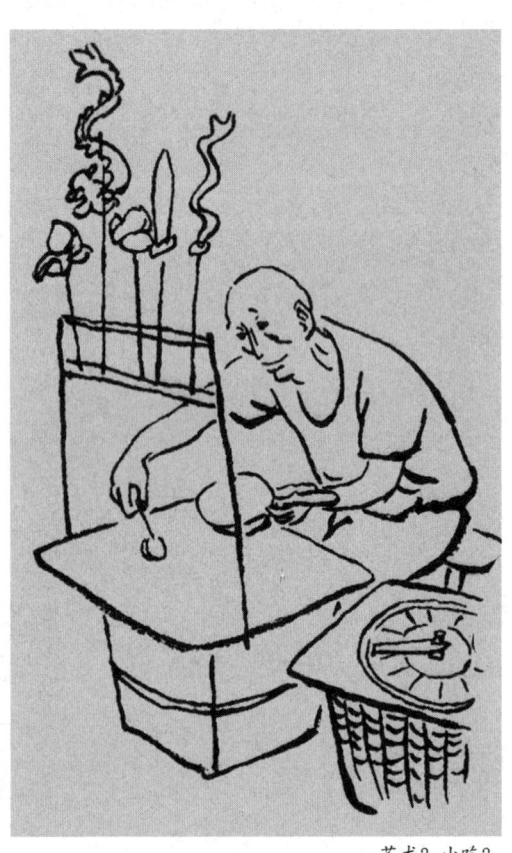

艺术？小吃？

火锅最初起源于朝天门码头一带，当时的码头工人将一些又实惠的动物内脏或头加入辣椒、老姜一起煮着吃，这就是火锅的雏形，而真正的重庆毛肚火锅

非常受人们欢迎的"糖关刀"

现今流行的用简单机器操作的棉花糖

手工制作小糖人

老行当

挑水夫

重庆虽有两江环绕，但在旧时，山城的饮水既不清洁而且困难。在20世纪初，重庆城市人口不足二十万，但依靠近万名挑水夫从江边挑水供城里人饮用。这种用一根扁担两个水桶为生的力夫与今日的"一根棒棒讨生活"的现代"棒棒军"何曾相似。

那时从事挑水为生的工人，大多是从乡下进城的破产农民，他们是旧重庆最廉价的劳动力。他们没有什么文化，说粗话，骂人，皆为平常事。但是他们的规矩极大，他们最大的规矩，就是不许欺侮老实人，讲诚信，讲义气。古道热肠、侠肝义胆的，全都是挑水工人。在他们身上你会看到重庆人最美好的品德。

著名艺术大师徐悲鸿当年居住在江北盘溪，在目睹重庆的挑水夫后，画下他的传世之作《巴人汲水图》，并在画上写道："忍看巴人惯担挑，汲登百丈路迢迢。盘中粒粒皆辛苦，辛苦还添血汗熬。"我们至今仍然能从这幅发黄的画卷中，读到重庆这群老"棒棒"生活的艰辛与无奈。

长江边的挑水夫（1911年）

火锅最初起源于朝天门码头一带,当时的码头工人将一些实惠的动物内脏或猪头加入一些姜一起煮吃,又实惠又美味,就是火锅最初的雏形,而真正的重庆毛肚火锅诞生于辣椒

民国初年的挑水夫

山高路陡,背水也成为一种取水方式

老行当

等待送水的孩子

老行当

据说火锅最初起源于朝天门码头一带，当时的码头工人没人要的动物"内脏"或者头蹄归加入辣椒、老姜一起煮，又便宜又实惠，这就是火锅的雏形，而真正的重庆毛肚

民国时期，朝天门码头的挑水夫

住

栈房

栈房就是旅店。由于这种旅店大多设在沿江码头附近的吊脚楼中，设施极其简陋，因此，人们称之为栈房。

早年重庆朝天门外，靠左右两侧的吊脚楼，大多是开设的小栈房。每当天色渐晚，挨门接户，全挂出"未晚先投宿，鸡鸣早看天"的长方形号灯。每一家的柜台上，照例亮着一个用白纸糊的灯笼。不仅朝天门，几乎各城门的河街或码头附近，都有同样格局的栈房。

不仅商家开栈房，重庆许多行帮也设有专供同行使用的栈房。重庆土布繁荣的时候，土布行业就让土布商贩和水客，住在千厮门水巷子布商栈房。住行帮栈房，客商携带的货物有存放处，栈房老板还可帮客商联系生意，代客送货，收款等，十分方便。

栈房最有趣的是幺师，幺师就是接待客商的服务员。那时的栈房请幺师非常讲究，首先是要口齿伶俐，能说会道，其次待人热情，服务周到，此外，各行

乡镇小客栈

古镇上的"水巷子客栈"

帮栈房的幺师还要熟悉各行帮的情况，知道名土特产，能够回答旅客有关风土、风俗、市情的询问。

客人一进栈房，幺师热情接待；接过行李，安排房间，递茶送水，指点厕所、交代关店时间。入夜，幺师照例在过道"唱店规"："楼上客，楼下客，听我幺师办交接，瓜皮果壳莫乱丢，免得水洞遭堵塞。屙屎莫用床笆折，谨防撇到刀儿篾，要屙尿，有夜壶，莫在床上画地图……"

早晨开门时，幺师要"喊店门"："东方亮，天发白，水陆两路住店客；包袱行李各拿各，各人的东西要认得，拿错了，太失格。东西不值几个钱，背个名声不值得……"

随着栈房生意日渐兴隆，重庆上半城五福街红庙子一带，也出现不少栈房。有一个姓白的老板，干脆在茶馆的楼上增设栈房。同时还找人题了一块长匾："红庙老茶馆，白家新栈房"。这恐怕是当时最长的栈房招牌吧。

古镇上的"周记客栈"

古镇客栈，灯火长明

火锅最早起源于朝天门码头一带。当时的码头工人将一些动物内脏或者头加入辣椒、姜一起煮着吃,毫不讲究,而真正的重庆毛肚火锅,又实实在在的就是火锅的雏形。

古镇上的"三合客栈"

石匠

过去有句老话："养儿莫学石匠，天晴落雨在坡上"。尽管如此，学石匠的还是不少，当石匠实属找个饭碗，养家糊口而已。

老重庆的石匠，主要活路是："开山采石"、"修房造屋"。先说开山采石。采石地点由掌门石匠事先选好，然后择黄道吉日开工，以图吉利。在开石前，要在开石处举行祭山王老祖仪式。祭品设刀头（猪肉）、酒、供果，然后放火炮，敬酒三杯（洒在地下），接着由掌门念祝词："神威浩浩，圣德昭昭。先师弟子，洒酒禀告。山神土地，勿违勿拗。弟子开山，先把香烧。钱财奉请，由你开销。提起大锤，打破石包，块块成料，安全顺畅。"

修整"连二石"

抗战时期，打防空洞，也是石匠们的拿手好戏

石匠修排水沟

石匠铺石板路

祝词念完方才挥锤采石，通过开山取出的条石称为"毛坯子"。毛坯子要经石匠一条一条地修整，打磨成"连二石"后，才能作房屋基脚石用。

"高屋建瓴，重在基脚"，安基脚要从地面一直往下挖，直到挖出整块石头，才一层一层地往上砌连二石，直到高出地平面 0.6 米—1 米，这一道工序才算完成。主人家非常注重下基脚石，若在挖屋基时遇见蛇，绝不能打，俗话称此种蛇为屋基蛇，它是这家香火的象征，遇见蛇是吉祥之兆。这种习俗与巴人崇拜蛇有关，可看做是早期巴人先民图腾崇拜的遗韵。

下基脚石，掌门石匠又要说吉利词："水晶玉石长又方，主家招来修华堂。我今把你安稳当，土匠师傅好筑墙。石匠本是先行官，吉日才把墙脚安。玉石反底金镶面，修起华堂宽又宽。子孙金榜把名点，不中文官中武官。"

说到此时，主人家被恭维得心花怒放，于是把预先准备好的红包（用红纸包的钱），拿出来发给石匠师傅。此种风俗，至今还在川东许多农村流传着。

石匠修复古镇老街

石匠修石板街

修整"连二石"，是石匠的基本功之一

木、竹匠

在老重庆，木匠多。锯木头，打家具，盖房子是人们的基本需求，因此，木匠生意十分兴隆。

木匠，分工也极细。高级的木匠，专做家具，这种木匠对外不收活，他只把自己制作的家具，卖给家具店。那时的富贵人家总要正儿八经地从家具店成套地买出来，才显得有身份。

再精细一点的木匠，就应该说是木雕艺人了。重庆人盖房，门窗十分讲究，刻门楣、雕窗花，简直就是艺术作品。而且这种雕花都还有典故，有成套的三国戏、水浒戏和川剧折子戏等。现在，我们还能从湖广会馆的建筑雕刻中看到当年木雕艺人精湛的创造技术。

木匠工具：锯子、凿子、推刨等

乡场上的竹篾匠

但是，无论是什么木匠，都是从锯木头开始的。那时候没有电锯，都是两个人拉大锯，从早到黑，锯个不停。锯木头是木匠的基本功。学徒三年，就拉三年的大锯，满徒之后，才能有机会有资格进一步学手艺。当然，也有不成器的徒弟，学多少年，也不见长进，于是就只能永远干拉大锯的粗活了。

除了做家具外，修房造屋，是木匠的主要活路，这种手艺称之为"大木匠"，它是相对于从事雕刻之类的"细木匠"而言的。在盖房子的过程中，最隆重的要数上梁。木匠认为梁为一屋之主，"上梁不正下梁歪，中梁不正就要倒下来"。上梁有三道程序：一是套梁，二是拉梁，三是上梁。在上梁前的准备工作中，由木匠的掌墨师请风水先生看日子、定时辰，选黄道吉日。上梁这天，掌墨师给梁的正中挂红，红的两边要贴大吉大利的对联，由掌墨师在梁前设供，祭祀鲁班。上梁开始，掌墨师站在屋顶指挥上梁，梁徐徐拉升，拉拢位置后放稳、搁平。上梁时掌墨师要说开场白："手拿五尺不多长，大跨一步进华堂。进华堂来为何事？祖宗教我来上梁。"

接着便是"点梁"。点梁时掌墨师左手拿一只大红公鸡，然后用右手指掐破鸡冠，挤出血来在梁头和梁尾及梁腰各点一下，边点边说："一点梁头，文封阁老武封侯。二点梁腰，打罗伞坐八抬大轿。三点梁尾，十全十美。"当梁上好后，掌墨师要从梁的这边走到那边，称为"踩梁"，一边走一边说："太阳出来喜洋洋，主人请我来踩梁。一踩梁头，儿子儿孙作姬侯，二踩梁腰，打锣打鼓坐八乘大轿。三踩梁尾，恭喜主人家荣华富贵。"

64

火锅最初起源于朝天门码头一带。当时的码头工人将一些老姜一起煮着吃，又的动物内脏或头加入辣椒，这就是火锅的雏形，而真正的重庆毛肚火锅

老行当

以前木匠的技艺不是现在的"钉子木匠"能赶得上的

木结构房屋是木匠们的杰作

梁踩到高潮时，鞭炮齐响，掌墨师在人声、笑声、火炮声中将事先准备好的干锅巴，从筲箕中抓起，一把一把地从梁上往下撒。下面看热闹的人也争着去抢。小孩更是喜欢，东奔西跑，争着抢食"上梁粑"，构成了一幅欢快的民俗风情画。

上梁结束，主人家要给掌墨师发红包，以图吉利。若主人家吝啬，掌墨师就咒主人家倒霉，甚至在建房中做些小动作造成房屋的安全隐患。因此，主人家深知其中的利害关系，再吝啬的人这时也要忍痛操大方，搞得皆大欢喜。

掌墨师是木匠中技术最好、挣钱最多的师傅。但是，要想当一个高明的掌墨师，必须从锯木头开始。

剖竹子

火锅最初起源于朝天门码头一带，当时的码头工人将一些又实惠的动物"肉肥"或头，加入辣椒、老姜一起煮着吃，这就是火锅的雏形，而真正的重庆毛肚火锅……

"做活路儿"（工作中）的老木匠

编竹篾

老行当

制作老秤的传统作坊

民国时期的木匠

老行当

据说，火锅最初起源于朝天门码头一带，当时的码头工人都没人要的动物"内脏"或头蹄，加入辣椒、老姜一起煮，既便宜又实惠，这就是火锅的雏形，而真正的重庆毛

68

风水先生

　　风水先生又称阴阳先生,是旧重庆专门为人看风水、择地基、相墓地的人。这些人是人群中比较有文化的。他们有的是科举落榜的读书人,有的是仕途失意的旧文人,还有的是为了养家糊口,改巫从道的端公、算命先生等。

　　这些人有一套凭肉眼看地形、地势的本领。他们仪表斯文,衣冠楚楚,年龄多在40岁上下,一般不挂招牌,全凭熟人推荐,奔走于官绅之家,为人相

看风水的道士先生

宅基（造型、地势、方位称阳宅）、寻墓地（称阴宅）。

中国历来讲究风水，上至皇帝下至平民。皇帝生前就要造陵寝，贵族要建坟茔，所谓"万事风水定，人生空自忙"。俗语"你家祖坟埋得好，发大财"。这种风俗说是为父母求龙脉宝穴，骨子里却是为了自己能飞黄腾达。

不仅阴室（墓地）讲风水，阳宅也对风水十分考究，抗战期间，重庆商业银行参与炒卖公债，亏损百万。该行总经理潘昌猷不去分析失败原因，反而认为赌公债失败是重庆商业银行大厦风水不好。于是派专人用重金，从长寿请来阴阳先生张雨田。潘亲自陪同阴阳先生为重庆商业银行大厦相地，察看"来龙"、"去脉"。那阴阳先生信口开河说"字向"偏了一点，生意失败是"当煞"，大厦对面巷道巴壁摊，挡了风水，大门左移二度即可。潘昌猷当即雇人将大厦铁门左移二度，又以高价收买对门巷道的巴壁摊，派人拆除。

结果如何？瞎子打灯笼照旧。其实潘昌猷之所以能以一介布衣，晋升为重庆商业银行的总经理兼董事长，既不是靠风水也不是凭本事。他所凭借的不过是他哥哥潘文华（重庆第一任市长）在重庆的地位和势力而已。

不但阳宅讲风水，连城市街道的起名也有风水民俗。以老重庆为例，城门"开九闭八"象征九宫八卦；南山上有文峰塔，城里就衬文华街；南岸有狮子山，城里就设白象街。相辅相成，寓意吉祥。由此看来，古人讲究风水不过是希望逢凶化吉，避祸趋福的一个方式而已。

乡场边的算命先生

古镇上的"八字先生"

火锅最初起源于朝天门码头一带。当时的码头工人将一些动物内脏或头蹄加入花椒、姜一起煮着吃，又实惠"这就是火锅的雏形。而真正的重庆毛肚火锅

老行当

看风水也是道士谋生的一种手段

打铁铺

城市是人群的聚居地，最初的市民都是从乡下来的个体农民，这些人聚在一起，慢慢就形成了行业。有的行业越做越大，有的行业则逐渐式微，最后慢慢地就消亡了。在众多消失的行业中，铁匠铺就是一例。

"张打铁、李打铁，清早起来打毛铁，毛铁打了三斤半，大人细娃都来看。张打铁、李打铁，打把剪刀送姐姐，姐姐留他歇，他不歇，他要回去打毛铁。"这首儿歌唱的就是打铁铺。

老重庆的铁匠铺又称红炉业，分大炉小炉。大炉打制锄、铧、铲等主要生产工具；小炉则只制作钉、扣、刀等生活用具。民国初年，重庆开设多家铁器铺，尤以江北城最多且集中，当时著名的金沙"打铁街"，就是铁匠铺一条街。

俗话说：世上三大苦，打铁、拉船、磨豆腐，其中，铁匠既要用力气，又要会手艺，将一块生铁又锤又敲，打制成一件件精巧耐用的工具，要费多少时间，要花多少力气？而打制出来的产品又赚不了多少钱，这恐怕也是铁匠铺在城市中快速消亡的原因吧！

铁匠打铁用的工具：手动风箱、钳子、铁锤

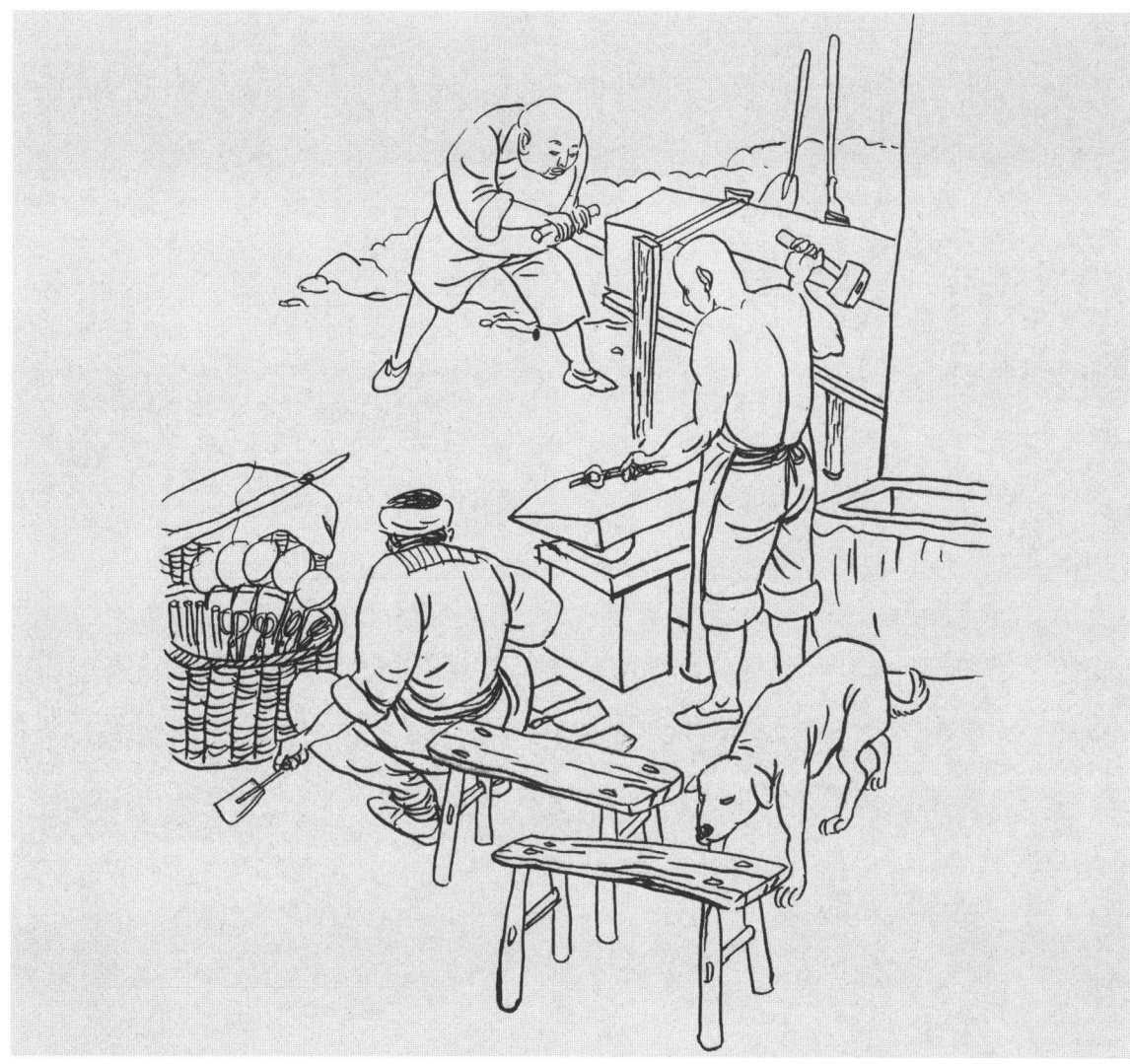

世上三大苦：打铁、拉船、磨豆腐

传统打铁匠

打铁

20世纪50年代，重庆的铁器合作社工场

老行当

据说火锅最初起源于朝天门码头一带，当时的码头工人们没人要的动物内脏或头蹄加入辣椒、老姜一起煮，又便宜、又实惠，这就是火锅的雏形，而真正的重庆毛

行

滑竿

　　滑竿，是旧重庆最普及的交通工具之一。这种简易而又原始的交通工具，据说与民国初年的护国战争有关。当时袁世凯复辟称帝，蔡锷在云南起义讨袁，率护国军与北洋军在川南激战，一时伤兵太多，川南民众临时扎了许多担架应急。后人从扎担架得到启发，把担架稍加改进，就成了滑竿。

　　滑竿制作简便，两根三米多长的斑竹竿作抬竿，两头尺把长的横杠作抬肩，中间用竹片编成软扎，冷天垫毛毯，热天撑凉篷。软扎上可坐可卧，由两人一前一后抬着走。人在其上，只觉晃晃悠悠，如腾云驾雾，不论上坡下坎还是穿街走巷，都十分灵巧。当然也有制作比较复杂的轿子，专供当时的上层人士使用。无论轿子或滑竿，最苦的还是抬轿子的轿夫。在穷困的轿夫生涯中，值得一提的是"报点子"。所谓报点子，就是后面轿夫的视线被前面的轿壳或软扎挡住，须前面轿夫传话告诉路上的情况，这叫"报点子"。如路很平直，前呼：

老式滑竿

老行当

老式滑竿

老式滑竿

76

老式滑竿

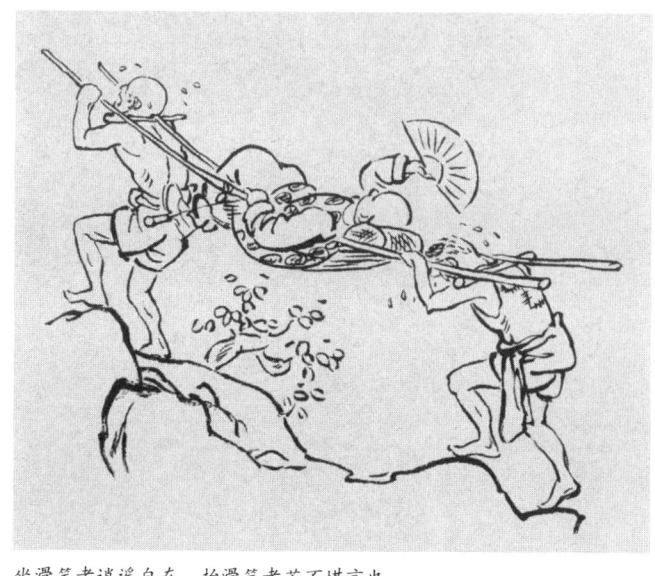

坐滑竿者逍遥自在，抬滑竿者苦不堪言也

"大路一条线"，后应："跑得马来射得箭"。要上桥了，前呼："人走桥上过"，后应："水往东海流"。前面的路弯拐甚多，前喊："弯弯拐拐龙灯路"，后应："细摇细摆走几步"。路上有牛粪，前呼："天上一枝花"，后应："地下牛屎粑"。路上有个奶娃儿，前呼："地下娃娃叫"，后应："喊他妈来抱"。见啥说啥，生动风趣，振奋精神，与船夫号子有异曲同工之妙。

辛亥革命后，富人坐的轿子已逐渐被淘汰，而穷人坐的滑竿却始终风行不衰。即使20年代后，重庆已修筑了公路，汽车、马车开始出现，但滑竿仍然流行。30年代后，随着重庆公路的扩建，原属滑竿通行的许多街道都被人力车和汽车所占，滑竿开始逐渐减少，1943年，国民政府下令市内禁止滑竿通行，并提高税收10倍，从此滑竿行业一蹶不振，昔日的热闹景象成了历史。

脚夫

脚夫，或称力夫，靠肩挑背磨，运输货物为生，工具极简单：扁担、绳子、垫肩。旧重庆山川纵横，道路崎岖，公路汽车发展缓慢，抗战前，货物转运几乎全靠脚夫。由涪陵至彭水路上，有一个名叫火锅铺的小镇，就是当时脚夫的聚集地。这里为商贾运货，挑担货物的脚夫时常是几千人。

黔江路上的郁山镇产盐，镇上盐灶林立，排列成行，用煤炭煮盐。镇上贫苦居民大多以为盐商背盐巴、背煤炭糊口、谋生。无论刮风下雨，总见脚夫苦力相望于道。

20年代，巴县木洞镇，是一个桐油集散中心，镇上油商、洋行都在这里设庄收购桐油。桐油的主产地是南川、涪陵和贵州正安一带。这一带山区桐油产量异常丰富，但交通不便，全部桐油都靠脚夫挑运至木洞。每年靠人力运到木洞的桐油达60万公斤，如果每人每次运60公斤，就要一万人次。每当冬春桐油旺季，挑油担的脚夫，牵牵连连，雁行一般。

重庆历史上著名的麻乡约信轿行的老板也是脚夫出身。在麻乡约发达以后，他将当年肩挑背磨所用的扁担、绳子、木杵、垫肩等物，供在他家祠堂神龛上，让他的子孙后代时刻铭记先辈创业的艰辛，直到解放后这幢房子出售给《西南工人日报》，才拆除了这些东西。

麻乡约信轿行主要承担由重庆运往云、贵等地的苏广杂货、棉纱、匹头、书籍，以及回程的猪毛、牛、羊皮山货。

旧重庆山高坡陡，滑竿上不去的地方，只有靠背夫用背架背人上山

蜿蜒于悬崖峭壁之上的驿运队伍

桂枝、桔梗等药材，规模大，营业兴旺，前后经营达百年之久，是脚夫行业中之翘楚。

麻乡约信轿行全权经营管理的是老板，招揽业务和管理运输任务的则是管事。管事之下设夫头，一个夫头，管二三十个夫子，夫头又请一两个"代梢"协助管理夫子。夫头、代梢沿途主要职责是押运货物，防止客货损失。麻乡约雇用的夫头，既要忠实可靠，又要精通外事，遇上土匪歹徒，江湖上要"踩得开"，言语"拿得顺"。脚夫多是农村无产者，或流落城市的远方人，要在麻乡约信轿行当一个脚夫，除了身强力壮外，还要同乡、栈房老板介绍，相互担保，一旦出事，共同赔偿。

麻乡约每天都有几百挑货络绎于途。20年代由重庆到成都大约要走十余天，力资一般14元，老板提成1元，夫头提成1元，脚夫到手12元力资。剩下的钱，基本上只够沿途抽烟吃饭。一旦累倒病倒，"风寒暑湿，各听天命，不与老板相涉"。尽管如此，自愿进入信轿行的脚夫依然是络绎不绝。在新的行业还没出现之前，下力当脚夫实为当时无产农民的唯一选择。

老行当

据说火锅最初起源于朝天门码头一带，当时的码头工人既没人要的动物内脏或头蹄加入辣椒、老姜一起煮，又便宜又实惠，这就是火锅的雏形，而真正的重庆毛

河边搬运货物的脚夫

朝天门的挑夫

火锅最初起源于朝天门码头一带。当时的码头工人将一些动物内脏或骨头加入辣椒、老姜一起煮着吃，这就是火锅的雏形。而真正的重庆毛肚火锅要又实惠的动物肉脏或头……这就是火锅的雏形，而真正的重庆毛肚火锅

解放前的"棒棒"

民国时期的花轿

老行当

黄包车夫

　　黄包车，又称人力车，由日本传入中国，故也称东洋车。黄包车，各地叫法不同，北京人叫"洋车"，天津人称之为"胶皮"，广州叫"车仔"，重庆人见车篷为黄色，故称黄包车，各具地域特色。

　　东洋车引进之前，人们出行，只知骑马、坐轿，极是不便。洋车传进来后，很快被人们所接受，它是城市交通开始向平民化发展的标志之一。

　　黄包车，有"包月"和"散座"两种。大商、富贾雇有专车，类似如今的"租车"，此类洋车一般多为新车，且较"散座"华丽，车夫也年轻，自然腿脚好，跑得快，正如老舍先生在《骆驼祥子》中所写的那样："跑在路上，真有人看着拍巴掌、喊好。"如此才显体面。

　　拉洋车，实属为养家糊口，别无他计。从车行里租辆黄包车，不论是严冬还是酷暑，风里来雨里去，每日在大街上奔跑，交上"车份儿"，已是所剩无几。有一段顺口溜："七十二行，拉车为王，脚杆跑断，脖子拉长。"这是当时人力车夫生存状况的真实写照。

　　黄包车在重庆城市交通中使用的时间很短，随着公共汽车、小轿车的出现，这种人力车很快就退出了历史舞台。

黄包车由日本传入重庆，因车篷为黄色，故重庆人称之为"黄包车"

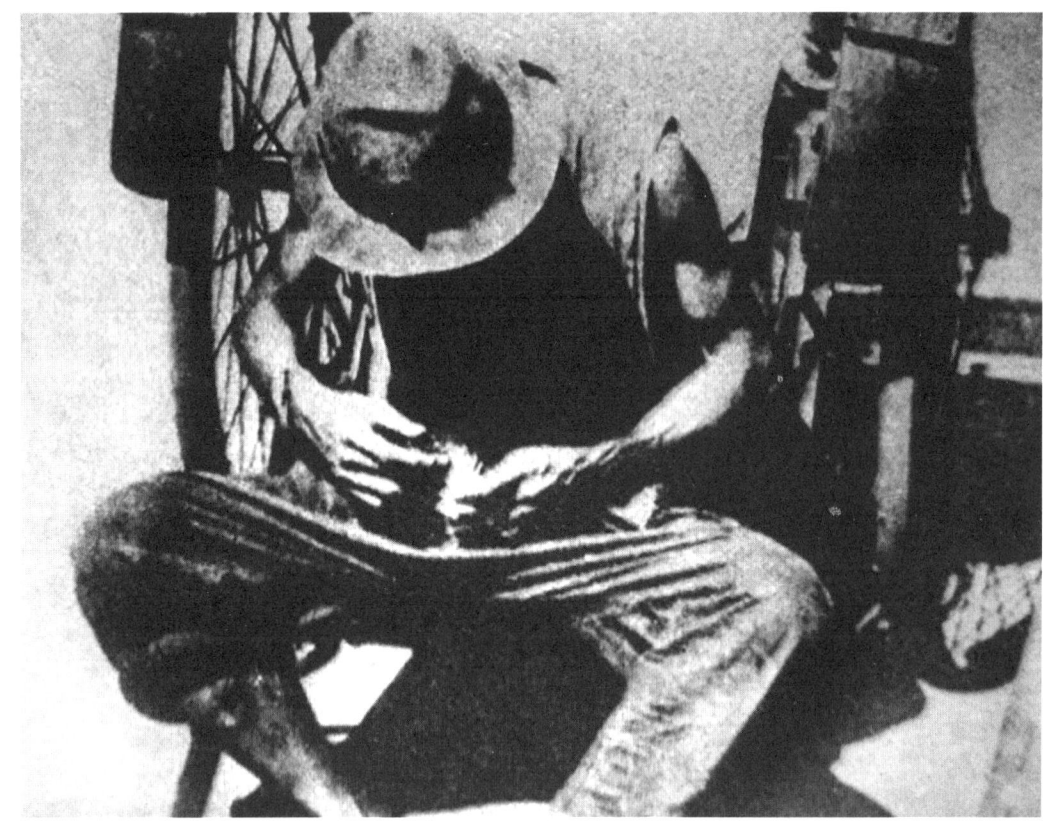

火锅最早起源于朝天门码头一带，当时的码头工人将一些动物内脏，加入辣椒、老姜一起煮着吃，又实惠又美味，这就是火锅的雏形，而真正的重庆毛肚火锅。

今天的收入还不够缴租金

老行当

重庆建市后黄包车一度成为市内的主要交通工具

老行当

据说,火锅最初起源于朝天门码头一带。当时的码头工人既没人要的动物内脏或头,加入辣椒、老姜一起煮,又便宜又实惠,这就是火锅的雏形,而真正的重庆毛

民国时期的黄包车夫

黄包车在当时是基本的代步工具

纤夫和川江号子

　　重庆历来是长江上游的航运中心。据乾隆《巴县志》记载：清朝重庆九门码头"舟楫如蚁，陆则受廛，水则结舫，商贾云集，百物萃聚……或贩至滇黔秦楚，吴越闽豫两粤间，水牵运转，万里贸迁"。在重庆各航运码头中，势力最大的要数船帮。就船帮而言，清末先后成立了三河帮：长江分为上河帮和下河帮，嘉陵江为小河帮。三河帮又由许多小船帮组成，有自己的帮规及航行区段。以重庆为中心，上至嘉定（今四川乐山）、渠县、达县，下至宜昌等地都是三河帮的势力范围。

　　在三河帮众多的小船帮中，值得一提的要数拉滩帮。所谓"拉滩帮"，就是在长江、嘉陵江各险要河滩处，专门负责拉船上滩的纤夫组织。清末民初，在嘉陵江的红沙碛、飞缆子、黑羊石和长江的鸡翅膀、九龙滩、青岩子、滚龙滩等地，每年四月到六月的枯水期，纤夫们就守候在这里从事拉滩。在灌口的蛤蟆石岩上，至今还刻有川东道的碑文告示：规定每年四月初至十一月，对过往船只拉滩收费。

　　那时的纤夫冬天大都穿青蓝短褂、草鞋，头缠白布帕，白帕末梢在耳边向下垂出一截，约两三寸，取名为"指天恨地"。一到夏天，贫困的纤夫干脆就赤

脚穿草鞋，头缠布帕的长江"拉滩帮"

老行当

赤身裸体，拉船上滩，世上少有的吃苦耐劳群体（民国）

在那个时代，一艘货船逆水上行，只有靠纤夫的"人海战术"了

据说，火锅最初起源于朝天门码头一带，当时的码头工人皆没人要的动物内脏或头，加入辣椒、老姜一起煮，既宜又实惠，这就是火锅的雏形，而真正的重庆毛肚

长江纤夫

峡江岩壁上开凿的纤夫栈道

老行当

长江纤夫

长江纤夫

据说，火锅最初起源于朝天门码头一带，当时的码头工人没人要的动物内脏或头蹄，加入辣椒、老姜一起煮，又便宜又实惠，这就是火锅的雏形，而真正的重庆毛

长江纤夫

身裸体，拉船上滩。

　　拉纤队伍中最前面的是"纤头"，别人弓着身子拉，他要侧着身子拉，既看船的运行，又要选择易走的路，还得照顾后面的纤夫。当然，工钱也比其他纤夫多一些。"纤头"要请纤工吃"合棕"茶（在茶馆为纤工开茶钱，买烟糖招待纤夫，联络彼此的感情）。

　　"纤头"最大的特长是领喊号子。川江水急滩险，船工下水推桡，上水拉纤，都是几人或几十人集体劳动。用号子指挥，能产生一种有节奏的和谐运动，能使大伙行动一致，力量集中。如："龙虎滩，不算滩，我们力量大如天。要将猛虎牙拔掉，要把龙角来扳弯。"号子一喊，既协调行动，又鼓舞干劲。在众多的川江号子中，最著名的是《跑江湖》：

手提搭帕跑江湖，哪州哪河我不熟？
隆昌生产白麻布，自流贡井花盐出；
合川桃片保宁醋，金堂柳烟不马虎；
五通锅盐红底白口，嘉定城把丝绸出；
宜宾糟蛋豆腐乳，柏树溪潮糕油漉漉；
内江白糖中江面，资中豆瓣能下锅；
南溪黄葱干豆腐，安定桥的粑粑搭鲜肉；
泸州有名大曲酒，爱仁堂的香花胜姑苏；
来𠃊剑泡　笋，合江有肥猪儿和罐罐肉；
江津广柑品种多，太和斋米花糖猪油酥；
好耍不过重庆府，买不出的买得出；

老行当

据说，火锅最初起源于朝天门码头一带，当时的码头工人没人要的动物内脏或头蹄加入辣椒、老姜一起煮，既便宜又实惠，这就是火锅的雏形，而真正的重庆毛

川江岩石上的纤痕，是纤夫与险滩恶水搏斗的历史见证

火锅最初起源于朝天门码头一带。当时的码头工人将一些不爱吃又爱吃的动物内脏或是头蹄加入辣椒、老姜一起煮着吃，这就是火锅的雏形，而真正的重庆毛肚火锅

老行当

三峡链子溪纤夫栈道

长江纤夫

朝天门坐船往下数，长寿饼子灰面做；
梁平柚子垫江米，涪陵榨菜露酒出；
石柱黄连遍地种，丰都出名豆腐乳；
脆香原本万县做，其名又叫口里酥；
夔府柿饼甜如蜜，巫山雪梨赛昭通；
奉节本叫夔州府，古迹白帝曾托孤；
臭盐碛武侯显威武，河下摆了八阵图；
石板峡口水势猛，仁贵立桩征匈奴；
言归正传加把劲，再往前走是两湖。
领：手提搭帕跑江湖，合：嘿咳！
领：哪州哪河我不熟，合：嘿咳！
……

　　川江号子，是纤夫与险滩恶水搏斗的产物，是生命激情的自然流露。其声调优美激越，一人领唱，众人回应，尤其是在峡口险滩处，号子的回声震天动地，听者热血沸腾，观者无不动容。

马帮

旧重庆的交通工具，除了常见的滑竿、轿子、黄包车之外，重要的陆上交通工具就要数马帮了。

重庆两路口过去有专为客商或骑马爱好者服务的马帮。暮春草长，那些骑马爱好者，潇洒地跨上快马，沿路奔驰，或者数人骑马竞跑比赛，这种逍遥畅快，宝马雕鞍的日子，只有富家子弟才有条件享受。

抗战时期，为了方便市民出行，市政府驿运管理处还专门开设由上清寺至化龙桥的马车驿运，很受市民欢迎。1942年马车驿运延伸到了歌乐山一带，解放初期还在经营。后来尽管汽车运输非常普遍，但江北石船到龙兴一带，仍有马帮为村民驮运砖头、水泥等建筑材料。

那时长途运输的马帮，还带有宿夜的帐篷、毡子以及刀枪等护身器械。山野空寂，马夫沿路吹笛、唱歌，活跃气氛，增添情趣。马帮还专门喂养猴子，传说猴子可以避马瘟，因为玉帝曾封孙悟空为"弼马温"（避马瘟）。

马帮毕竟是农耕时代的产物，随着重庆城市现代交通工具的出现，马帮这

马帮

重庆马帮

重庆马帮

种原始的运输工具自然而然地退出了历史舞台。然而,在远离中心城市的小镇上,马帮依然存在。对于那些"地无三尺平"的边远山区,驮马运输至今仍有市场需求。

老行当

据说火锅最初起源于朝天门码头一带,当时的码头工人没人要的动物内脏或头蹄,加入辣椒、老姜一起煮,既便宜又实惠,这就是火锅的雏形,而真正的重庆毛肚

推梢船

梢船也叫"过河船"。重庆城两江环绕，在没有轮渡的年代，梢船便是过江的唯一交通工具。即使有了轮渡，有些文人追慕古代风情，也爱坐梢船渡江。

清人王尔鉴在《小记》中记述了这种古渡口的风貌："南纪门外，大江对岸南城坪（今南坪），有黄葛古树，偃盖渡旁。江横大洲，曰珊瑚坝。舟子曲折行乃达彼岸。雨余月际，遥睇江烟苍茫间，舴艋往来，飘如一叶，亦佳趣也。"

旧重庆较大的渡口有海棠溪、香国寺、中渡口等四五处。海棠溪与朝天门隔江相望，江面宽一千米，是南来北往的客商进入重庆的主要渡口之一。道光十四年（公元1835年），巴县富绅捐银1.4万两，建造木船36只，设立海棠溪义渡。1925年，海棠溪义渡购买汽轮二艘，最先在这里设立横江轮渡。1938年储奇门横江车渡开通，蒋介石为了去南岸黄山官邸方便，在海棠溪修建"委座专用码头"，还建起停车场和专用车道。

中渡口与石门码头隔江相望，20年代磁器口慈善堂在此设义渡，40年代发展到十只梢船。

推梢船的船工叫梢公，这些人大都熟知水性，人情练达，为人忠厚，但也不乏为非作歹之徒。民国初年，小三峡内匪祸为患，有些推梢船的被逼落草，成了峡匪的探子，一见客船货物有些油水，便紧紧盯住，等到了四下无人的

长江边的过河船

过河船是山城市民往返两江三岸之间必不可少的交通工具

江面，那船上的梢公嘴里一声凄厉的呼哨，霍地划出三四只船来，一挠钩搭住，船上七八个强人，一拥跳上船来，黑洞洞的枪口把船上的客商吓作一团，叩头求饶。待匪徒把船中金银货物洗劫一空，便双桨齐发，飞也似地隐没于峡谷烟波之中。

抗战爆发后，重庆成为"陪都"，这种有趣的过河船也成了不少墨客骚人怀旧访古的工具。1943年冬季的一个夜晚，大名鼎鼎的历史学家顾颉刚，从南岸访友回市区，恰遇过河轮渡收班，他兴趣盎然地包了一条梢船过江，待船划到中流的时候，正好看到万家灯火的山城夜景，顾颉刚不禁问道："那是什么地方？"梢公答道："大樑子。"这一下触动了他的灵感。顾颉刚先生长久以来一直在思考，禹贡分中国为九州，蜀为梁州，此梁字之由来一直未得其解。当他听到梢公回答"大樑子"，这才恍然大悟，梁乃山字之义，大樑子的樑字，木旁是后人所加，叫梁州，指多山之州也。顾氏称这是他来重庆的第一乐事。此事在1943年1月的《新民晚报》载出，一时传为佳话。

火锅最初起源于朝天门码头一带。当时的码头工人将一些便宜的动物内脏或头加入辣椒、花椒、生姜一起煮着吃，这就是火锅的雏形。而真正的重庆毛肚火锅又实惠。

长江上的过河船

川江上的货船

长江边的过河船

长江边的过河船

老行当

据说，火锅最初起源于朝天门码头一带，当时的码头工人没人要的动物内脏或头、蹄，加入辣椒、老姜一起煮，又便宜又实惠，这就是火锅的雏形，而真正的重庆毛

火锅最初起源于朝天门码头一带。当时的码头工人将一些动物内脏或头蹄加入辣椒、老姜一起煮着吃，这又麻又辣的实惠食物就是火锅的雏形，而真正的重庆毛肚火锅。

乌江边的打鱼船

老行当

长江边的过河船

长江边的过河船

长江边的过河船

老行当

据说，火锅最初起源于朝天门码头一带。当时的码头工人没人要的动物内脏或头蹄加入辣椒、老姜一起煮，既便宜又实惠，这就是火锅的雏形。而真正的重庆毛

火锅最初起源于朝天门码头一带。当时的码头工人将一些动物内脏或头蹄加入辣椒、老姜一起煮着吃,又实惠又美,这就是火锅最初的雏形。而真正的重庆毛肚火锅

川江上的运货木船

老行当

临江门的过河船

老行当

据说，"火锅"最初起源于朝天门码头一带。当时的码头工人皆没人要的动物内脏或头、加入辣椒、老姜一起煮，又顶宜、又实惠。这就是火锅的雏形，而真正的重庆毛

三峡中的帆船

三峡中的帆船　　　　　与险滩搏斗的木船

102

火锅最早起源于朝天门码头一带。当时的码头工人将一些动物内脏或头蹄加入辣椒、老姜一起煮着吃,这就是火锅的雏形,而真正的重庆毛肚火锅又实惠又美味。

川江帆船,别具一格

邮差

　　说邮差，不能不说山城的督邮街。督邮街现在是重庆繁华的街道之一。督邮是秦汉时代的官名，代表郡守督察各属县官吏，宣示官府命令，还兼管拘捕、监狱、诉讼，权力很大。督邮官从秦汉沿袭至唐代，历时八百多年，督邮街自然是督邮官的公馆所在了。

　　抗战以后，邮政局设在这里的督邮街改名为都邮街。督邮也罢，都邮也好，其中的"邮"字是改不了的。古代，徒步传递官府旨令的文书叫"邮"，后来，传递民间的书信也叫邮，督邮街可以作证。

　　重庆早期的邮路有水运和陆运两种，由于山城的特殊地理环境，最早的邮差大都身穿邮局特制的号衣，翻山越岭，靠的全是体力，几乎和当时的脚夫差不多，非常艰辛。尽管如此，当一名邮差，从一开始，就是一个很好的铁饭碗。在旧重庆军阀征战，人人自危的年代，年轻人找工作能吃邮局饭，绝对是交上了好运。据统计，自民国五年起至民国十九年，军阀年年混战，但邮政局年年都能盈利，在民不聊生的时代，这是一个特例。

民国时期的邮局女职员

民国初年，川江上的邮船

晚清时期的邮差

老行当

据说,火锅最初起源于朝天门码头一带,当时的码头工人没人要的动物内脏或头蹄加入辣椒、老姜一起煮,又便宜又实惠,这就是火锅的雏形,而真正的重庆毛

位于白象街、重庆最早的邮局旧址

20世纪50年代的老信筒

重庆最早的邮政信箱

綦江东溪麻乡约信轿行旧址

民国时期，重庆信局使用的伍仙、贰钱肆分和贰分邮票

身着号衣的邮差攀索道过河（晚清）

　　令人称奇的是，在綦江东溪古镇书院街上，至今还完整保留着一间麻乡约信轿行的老房子。这间百年前的"老邮局"，是重庆现存最古老的邮局。据文物专家考证，这家信轿行与现在的邮局功能一样，经营信件邮递和汇兑业务，并且实行严格的损失责任赔偿制度。作为一个地区的信息交流中转站，历史上的綦江东溪无疑是走在了前面。

商

洋行

所谓"洋行",就是外国人在重庆开办的商业贸易机构。

重庆自1876年《中英烟台条约》开辟为商埠后,洋商纷纷进入重庆开设洋行。那时,相继在重庆城开设洋行的有英国的"卜内门"、"立德"、"白理"、"亚细亚";德国的"西门子"、"德昌"、"瑞记";法国的"吉利"、"利昌"、"东方";日本的"新利"、"日森"、"三井"、"武林"、"森村"、"福记";美国的"美孚"洋行。这些外国洋行,按照当时的不平等条约,在商业领域享有各种"特权"和税收优惠,因此,他们以此操纵商业,垄断航运,使当时重庆的民族工商业、航运业一筹莫展。

在那"百姓怕官,官怕洋人"的社会里,重庆商人为了求生存、谋发展,纷纷求助于洋人的庇护,以谋取厚利。于是,"挂旗洋行"应时而生。那时只

位于下浩周家湾的洋行旧址

要与外国人有联系，通过各国驻重庆领事馆，按照规定付给"挂旗费"，就可以分享外国洋行的一切"特权"。当时，在重庆挂法国旗的有巨商黄锡滋经营的聚福洋行，巨商杨廷五经营的川江公司，以及汤壶峤经营的"永安"轮船和尹瑞卿经营的"定远"轮船。挂美国旗的有买办童季达经营的捷江公司；挂意大利旗的有永庆公司和它的"永丰"轮船。挂日本旗的巨商汤子敬经营的商号，干脆直接取名叫做"日商聚福洋行"。于是，重

位于白象街的美华洋行旧址

庆商人又纷起效仿。一时间大街小巷，诸如"日商友邻火柴厂"、"德商谦信洋行"、"德商德孚冰厂"纷纷设立。这些"挂旗洋行"和"挂旗船"名为洋商，实际上所有经营人员全部是重庆人。"法商聚福洋行"每年上交法国人"挂旗费"文银三万两后，自然受到法方的保护，它的轮船俨然成了"法国商船"，既可在川江上畅通无阻，又可对付军阀势力，且不交纳各种苛捐杂税。令人称奇的是，它们还在船上大书"法国商船不装士兵"，理直气壮地拒绝"兵差"。

在这些挂旗洋行、挂旗船的侵夺下，中国"关税寥落，商务权利悉入西人掌握"。当时轮船招商局帮办郑观应十分感慨地说："此有心人所痛哭流涕者也"。

值得庆幸的是这种事情未能持久。重庆建市以后，外国洋行的垄断经营权被削弱，民族资本的力量得到发展。1930年夏季发生的火险赔款案就是例证。这年农历7月底，有市民在储奇门河边烧纸钱、祭祀祖宗，不慎引发火灾，大火从河边棚户烧至城内，至午夜三四点钟，大火才被扑灭，受灾面积纵横数里，从储奇门、金紫门、顺城街、绣壁街、火神庙、四牌坊、双巷子、刁家巷、玉带街、三圣殿，直上大梁子、磁器街，受灾户逾万家以上，财产损失无法统计，成为重庆的大火灾之一。

当时重庆的药材行业，多集中在储奇门、金紫门一带，这次火灾使不少药商损失巨大，但有部分药商，曾在外商经营的白理、太古保险公司保有火险，

位于白象街的美国捷江公司旧址

英国太古报关行旧址

总计约有五十万两银子。按照保险条例，受保户遭灾后，经公证人查证属实，保险公司理应赔偿。谁知洋商鉴于这次赔偿数目过大，遂勾结梅兴、罗南两个英籍公证人，提出一个"从火堆中化验灰渣"的办法来决定赔款数目。如按此条件，受保户的火险赔款就所得无几了。这是一个令人不能接受的屈辱条件，也无此赔款先例。在这种情况下，药商组成保险赔款交涉小组，推选七名代表与洋商说理，上海太古公司派英国人乌特来重庆全权处理此事，双方矛盾愈闹愈大。最后一次谈判在储奇门茶馆进行，受灾群众把茶馆围得水泄不通，谈判破裂，药商代表一气之下把茶桌茶碗全部掀倒在地，忍无可忍的重庆药商要拉洋人下长江吃水，同归于尽。洋商代表乌特被吓得魂不附体，只好答应照规定赔款，并立即在赔偿协议上签字。药商最终取得了胜利。

药材帮

说老药铺，不能不说药材帮。

药材帮是重庆的大行帮。清朝末年，药材帮资力雄厚，在药材市场具有强大的控制力量。该帮与同业发生纠纷，须到东水门江西会馆调解，药商开业、用人甚至也必须征得该帮同意，药秤亦由该帮发给，主宰着重庆药材市场。

1926年，根据北京政府农商部颁布的公会法，重庆成立药材同业公会，撤销原13帮，重新划分为7帮：行帮、栈帮、广药帮、择药帮、土药帮、申汉帮、抚州帮。各帮均有各帮的董事会，并在羊子坝建有药帮公所。

药材帮经营的形式，主要有字号、药行、铺户等。

字号是输出药材兼营输入药材的行业，相当于现在的总公司。土药字号每年走宁夏、灌县，运进甘草、虫草、贝母、木香、川芎、木耳等。广药字号则走檀香山、湖广、浙江等地，运进洋参、犀角、白术、浙贝、生地、连翘、桂子。字号在产地收购药材的方式有三种：

一是贴条招贩。在行人集散处贴条招贩，药贩即按要求送货领款；二是由经纪人介绍。外山药材经纪人，专为字号介绍生意，先看货样，付订金，收货后付清货款；三是由当地药材行栈介绍，有信用，订货先期交银，对方持银往各处收货，钱去货来，按期交付药材。

药行是一种中间性质的业务，为字号与字号、字号与

抗战时期，广东"盐蛇散"在重庆的销售广告

重庆乡间三春堂药铺

中山古镇上的老药铺

铺户交易之媒介。交易可收 5% 的佣金。由于往来的对象是省内外的药商，成交数量大，佣金十分可观。

铺户表面与零售相似，其实不同，相当于现在的分公司，卖斤不卖两，营业对象是药铺与商贩。铺户进货，只能通过字号成交，不能直接向产地进货。抗战期间铺户约五十家，分布在九尺坎、顺城街、储奇门街一带。大者"利胜昌"资本 30 万元，小者"云吉祥"资本 2000 元。经营药材利润很高。有句老话："药无百倍利，世代不行医。"当时，渝地药比于产地药贵二倍，因此，巨大的价差使药材帮产生了不少富翁。最享盛名的是光绪年间的杨星亭和聚兴诚银行的创办人杨文光。抗战时期的龚恒升，是药材帮最后一个百万富翁。正因为如此，药材帮具有十分严密的行规和排他性。

老药铺小景

火锅最初起源于朝天门码头一带。当时的码头工人将一些便宜又实惠的动物内脏或头、蹄加入辣椒、老姜一起煮着吃，这就是火锅的雏形，而真正的重庆毛肚火锅

古镇上的草药摊

老行当

全生堂药铺创建于光绪廿三年，位于龙兴古镇

传统中药铺

早期的药材帮不仅掌柜、先生、职员、学徒必须是同乡、同宗，甚至厨工、临工都从家乡带来，对外封闭本帮的一切经营情况。

药材交易用银子，由于银子成色不一，以钱庄所铸十足纹银为准"九三扣水"，即100两银子实收93两。卖方不愿赊期过久，希望尽早兑现，"九三扣水"之后，再"九四兑现"。

药材帮的秤，十五两八钱算一斤。不同的药材又有不同的扣秤，大黄七七扣，橘络平过，三七加一。不同的药材还有不同的出货规定，麝香、郁金退皮退灰，行话称"净皮"；当归每百斤除五斤，枳实每百斤除三斤，行话称"倒皮"；有的药材连皮一起称，行话称"滚皮"。在市场信息极度不通畅的前提下，这些规矩是否合理，那只有天知道了。

当铺

　　当铺，就是专门经营典当生意的铺面，是指以实物为抵押的有息借贷银钱的经济行为，作为一种商业形态，通称为典当业。

　　据说中国的典当是和尚发明的。南北朝（420～589年）时期，皇帝信仰佛教，"南朝四百八十寺，多少楼台烟雨中"。因此，那时的和尚只管收钱，从不上税，从而聚集了大量的房产、地产和现金。尽管这些寺庙拥有巨额财产，但又不能去做买卖生利，于是，和尚们就设法开办了"质库"、"长生库"进行质贷，以此谋利。《南齐书》记载：司徒褚渊为官清廉，家无余资。于是将皇帝所赐白貂座褥、介帻、犀导以及自己的坐骑，都质押在招提寺的质库变钱。这是我国典当史的最早记录。唐宋时期，典当成了一种商业性的行为，皇当、官当、当铺相继出现。大大小小的当铺，成为社会经济活动中重要的行业。

　　古人淳朴，最初的典当是方便民众，有利银钱的周转，人们也不以典当为丑事。诸多名人质衣沽酒，亦为风流雅事："五花马，千金裘，呼儿将出换美酒，

创始于民国初年的"顺钱号"，是一家兼营钱币业务的老当铺

兼当上等木器

當

民国时期的老当铺

老行当

据说"火锅最初起源于朝天门码头一带，坚没人要的动物内脏或头、蹄加入辣椒、老姜一起煮工，又便宜、又实惠"这就是火锅的雏形，而真正的重庆毛

与尔同销万古愁。"这首李白的《将进酒》传诵至今，其中"换"者，就是拿去典当。喜欢饮酒的杜甫也把以衣换酒当成家常便饭，有诗为证："朝回日日典春衣，每日江头尽醉归。酒债寻常行处有，人生七十古来稀。"白居易也有诗云："归去来兮头已白，典钱将用沽酒吃。"都把典当看成很平常的事情。

然而到了近代，人们突然对典当、当铺产生了仇视的心理，究其原因，一是不少当铺藏污纳垢、滋事不息，二是有的受黑势力保护横行不法、牟取暴利。据曲彦斌的《典当史》考证，近代小额典当源自清代狱囚。他说："相传罪犯王某，被刑部判定终生监禁，竟熬成小头目。于是，他借机勒索囚犯银钱，鼓励犯人

卖估衣（烟画，1905年英美烟公司设计出品）

赌博，输即以物折钱，从中渔利，积资渐多，遂以开小押为业。"

旧重庆的当铺主要集中在陕西街一带，这些当铺多为客居重庆的陕西商人开办，其经营模式是"指物借钱，无论何物均可抵押，物值十而押五，坐扣利息，几月为期，过期不赎，变卖折本"。这几条，实际上一直是民间当铺的经营宗旨。

由于当铺是一个非常盈利的行业，因此，当铺内部规章制度十分严格，尤其是陕西人开设的当铺，保密性非常强，从当铺主管到伙计，甚至打杂小工，都必须是同乡人，其担任主管的人则必须绝对忠诚可靠，业务精通，还要有实力的人担保，方可聘为主管。

那时的当铺为了谋利，什么都可以质押，小如茶壶、茶碗、随身衣裤，大如家具、房产、地契以至金银、珠宝、名人字画等。军阀混战时期，一些不法当铺居然典当灾民儿女、懒汉之妇，然后转手卖给妓院，无人敢管。民国中期以后，法规逐渐完善，重庆当铺的经营才开始走向了正轨。

香蜡铺

清·孙兰荪《竹枝词》

庙门摆个香烛摊，全靠神仙吃碗饭；
那知正直乃谓神，岂喜香烟缭绕烛烂漫；
神道倘真爱香烛，受尔香烛降尔福。
世上违条犯法人，只要烧香便免遭刑戮？

　　自古以来，平民百姓信佛、信道的十有八九，即使不信佛道，逢年过节也要祭神、祭灶、祭祖，因此，销售香烛这一行自古有之。

　　老重庆的香烛铺多开在罗汉寺、老君洞、禹王庙等寺庙、道观附近。每当逢年过节，都是善男信女烧香拜神之时，位于市中心的罗汉寺的香池蜡台上，终日香烟缭绕，日耗香烛几百公斤，盛况空前；而南岸禹王庙、老君洞一带的香蜡摊，从山下一直排到庙门口，连绵十几里，十分壮观。

　　正规的香蜡铺的门面是很讲究的，有字号、有牌匾，店内陈列着各种祭祀用的香烛，有"高香"、"大金锭"、"小金锭"、"百速锭"、"线儿锭"，以及二三尺长的"子午香"、"棍儿香"。还有日常家庭中用的紫檀香、龙涎香、芸香。蜡烛，则有大对的"龙凤烛"、"双喜烛"、"寿烛"、"大双包"、"小双包"和常用的"素烛"。名为素烛，是说给买主听的，是有意避讳寺庙忌荤腥，而实际上，

老烛坊（烟画，1905年英美烟公司设计出品）

120

素烛仍然是用动物油脂熬制出来的。此外，店中还出售各色黄白纸锭、大小面值的冥币。

大的店铺的后院一般都有制香作坊，雇有伙计制香。制香也叫压香，是把调制好的香料膏子盛到一只竹筒内，筒下有一小孔。伙计在上面用力压，线香便从筒下的小孔挤出来。再由伙计牵引、拉直、摆平、晒干成香。

香蜡纸烛，富人、穷人、家家户户都要使用。因此，香蜡铺不仅城里有、庙里有，甚至乡镇街头，穷乡僻壤，都有香蜡铺。据《黔江县志》记载：民国时期，当地婚礼喜事也须香蜡纸烛，"凭媒允亲，具香烛炮，请媒往女家祀其先，曰插香。逾年，或将娶之年，具衣饰礼物，复请媒并婿之父兄，率婿往女家祀其先，曰谢允。"至今，黔江、彭水不少山区的婚俗还是如此。

老重庆伍舒芳香铺广告牌和香室牌匾

香烛铺（烟画，1905年英美烟公司设计出品）

湖广会馆的香池蜡台上，终日香烟缭绕

据说"火锅"最初起源于朝天门码头一带，当时的码头工人、老姜一起加入辣椒，告没人要的动物内脏或头，又须宜又实惠，这就是火锅的雏形，而真正的重庆毛

棺材铺

过去重庆人，稍有积蓄者，都要在生前打一口棺材，堂而皇之地放在家中，既是安慰也是装饰。孝子们也要在父母生前为他们打一口棺材，老人临终前望着棺材也心满意足，似乎一生的劳累就只是为了这一归宿。

凡事讲吉利的重庆人，偏偏对棺材"情有独钟"，表面上看十分矛盾，细细一想却大有道理。原因就在于人固然怕死，却更怕"死无葬身之地"，成为"孤魂野鬼"。所以放一口棺材在家里是非常吉利的事。凡是摆放在家中的棺材，每年都要油漆一次，油漆的次数越多，就越荣耀，因为它意味着主人的长寿。相反，如果死后连棺材都没有一口，则多半意味着生前也"身无所凭"、穷困潦倒。中国人的习俗是不但生前要有依托，死后也要有所归宿。于是，有钱有势如皇帝，便在生前大造其陵墓；无钱无势如平民，则大制其棺材。

旧重庆的棺材铺大都集中在通远门、顺城街一带。这里既是城里人出殡的必经之路，又是当时的"官山坡"（埋死人的坟地）。人生前从事的行业有贵贱，死后的棺材也有等级。富贵人家，把棺材叫"金匣"，用珍贵楠木制成，涂得漆光可鉴，金碧耀目。金匣的外面还要套一副又厚又沉的大黑外椁，造价十分昂贵。穷人死后只能装殓在"火匣子"里。这是一种用薄木板做成的粗劣棺材。也有的连"火匣子"也无钱购买，只得由慈善机关施舍"火匣子"埋葬。

尽管人们把棺材看得如此重要，但由于它和死人连在一起，总是给人以一种"恐惧"之感，于是乎，做棺材生意的老板总是想方设法转移人们的视线。首先，凡是在棺材铺买的棺材，一抬进屋，放在家中，就不准叫棺材，而统称"寿木"。因为它不但意味着主人长寿，也意味着主人有能力把握生前，安排后事。其次，把棺材和做生意、"发财"连在一起。因为只有发了财的人们，才有能力购置贵重的"金匣"。所以，把棺材和做生意"发财"联系在一起。好像还是有一定道理的。但自从火葬兴起后，棺材铺这个行当就渐渐衰落了。当然也有例外，龙兴古镇上至今仍有上等柏木制作的棺材出售，据说生意还很兴旺。

常说的"寿木"，几乎都是用柏木制作。图为用拉锯剖木

老行当

据说，火锅最初起源于朝天门码头一带，当时的码头工人没人要的动物内脏或头蹄加入辣椒、老姜一起煮，又便宜又实惠，这就是火锅的雏形，而真正的重庆毛

棺材铺里的棺材

古镇上的棺材铺

火锅最初起源于朝天门码头一带。当时的码头工人将一些动物内脏或头、老姜一起煮着吃,加入辣椒,又实惠味美,这就是火锅的雏形,而真正发扬光大。

旧时的棺材铺

猪偏耳

偏耳就是中介。凡从事生猪买卖的就叫"猪偏耳",从事生牛买卖的就叫"牛偏耳"。偏字的含义:一是帮助,见《左传·襄公三十五年》:"司马令尹之偏";二是花言巧语,见《庄子·人间世》:"巧言偏词"。

过去老重庆,几乎每一个集镇,都有一个"猪市坝",专门从事生猪交易。乡下人,一年到头,除了种点庄稼外,最大的愿望就是买一头好猪,然后喂肥过年,因此,从事生猪买卖的"猪偏耳"一年到头都有生意往来。

"猪偏耳"的最大本事就是"相猪"。据经验丰富的猪偏耳讲,买猪关键是看嘴。如果猪嘴筒子长,牙必多,喜欢乱吼乱叫,这种猪挑剔饲料,光长脑壳不长肉,是绝对不能买的,谁买谁倒霉。其次,是看肚,猪肚大的,贪吃,长势快速。其三,是看骨,骨架大的猪,用优质饲料一催,就会长成硕大的肥猪。

猪偏耳的本事不仅仅是善相猪,更重要的是在于人情世故,熟知行情,具有撮合买卖双方的技能。而成交价格,历来是买卖双方关注的焦点,也是同行了解行情的核心信息。因此,为了保守机密,该行业用"隐语"表示数字,用"扯指拇"的方式讨价还价。

猪偏耳的隐秘数字是用收、抬、找、查、拐、劳、条、敲、烧、海替代一、二、三、四、五、六、七、八、九、十。

猪偏耳议价,既要用蓝衫衣襟盖着"扯指拇",又要说隐秘数字,其一,

送肥猪赶集

讨价还价"扯指拇"

习俗如此；其二是神秘其术；其三是不让买卖双方之外的第三者知道真实成交价格，这样，一个高明的猪偏耳就可以掌握行情，招揽业务，赚取佣金了。听说现在川东山区一带，仍有人在从事"猪偏耳"这一行，只不过交易方式已经有了很大的改进。

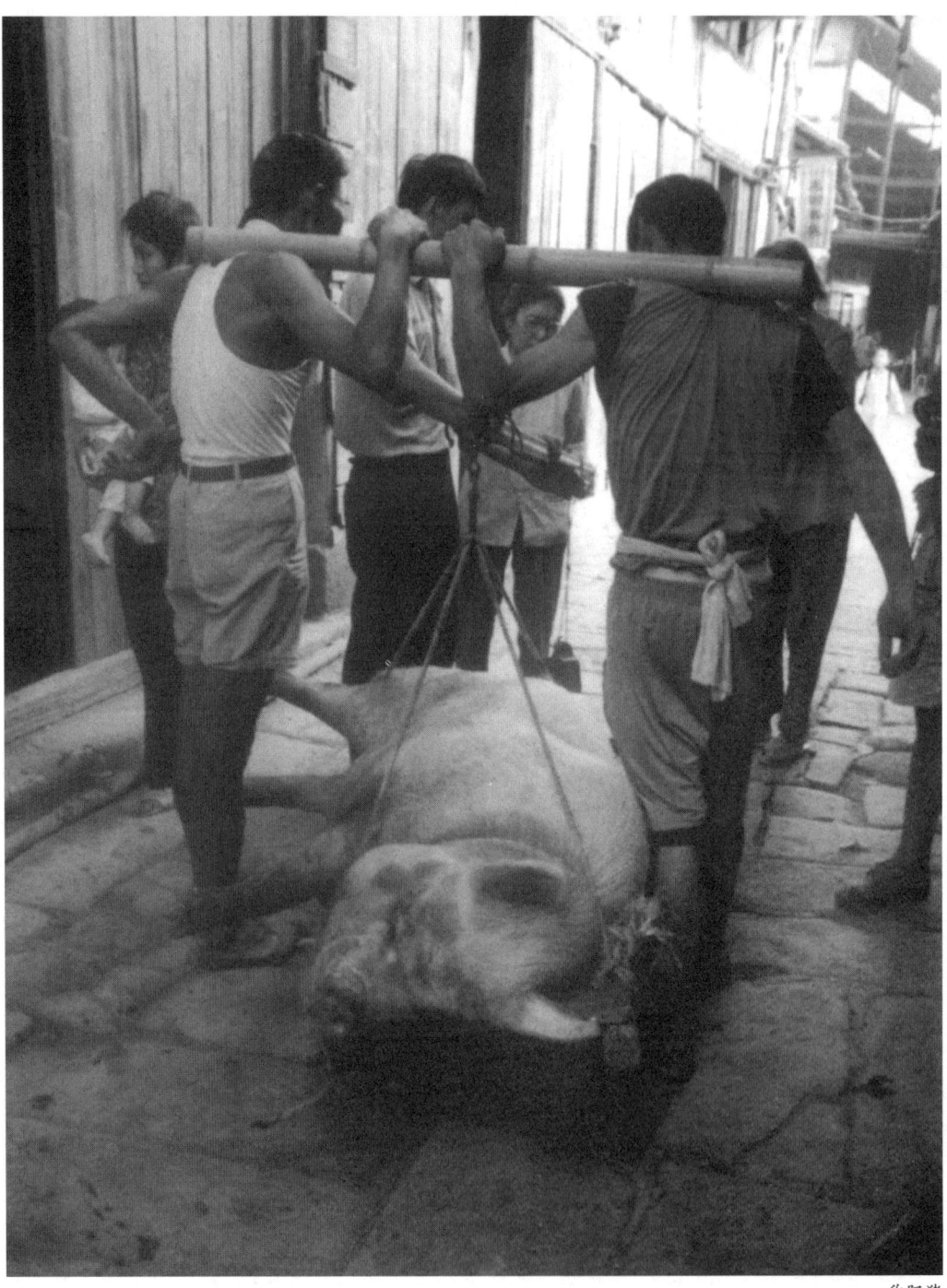

称肥猪

老行当

据说，火锅最初起源于朝天门码头一带。当时的码头工人没人要的动物内脏或头蹄加入辣椒、老姜一起煮，又便宜又实惠，这就是火锅的雏形，而真正的重庆毛

128

牛偏耳

牛偏耳与猪偏耳一样，是农村从事耕牛交易的经纪人。那时，许多生意都要靠偏耳与买卖双方介绍情况协调价钱，从而促使生意做成。偏耳在为买家和卖家双方讲价钱时，不用嘴讲，而是采用巴渝地区通行的"扯指拇"方式进行，以便于保密，免得旁人"杀腰腔"把生意抢走。

巴渝地区的农业以种田为主，做土为辅。因此，牛在农耕中起重要作用。从犁田到成米，多项活路皆要靠牛，农民对牛就特别爱惜。在巴渝风俗中还专门设有"牛王节"，每到农历十月初一这一天，各家各户给牛放假，主人家要煮稀饭喂牛，还要做粑粑用红绳拴起挂在牛角上。

由于牛在农业中的重要性，加之识别牛的好孬，不是随便哪个都搞得懂的。因此，在买牛时一定要请牛偏耳帮忙选择，议定价钱。

牛偏耳"相牛"，主要有"三看"，首看牙口。俗话讲："黄牛不谈口，水牛必看口。"看牙口主要看牛牙的长相和瓣数。牛牙是牛龄的一种标志，牛刚出生即长有八瓣牙齿，称乳牙。牛的寿命为30年，从乳牙开始算起，每两年换一次牙齿，每次换两瓣，依次四年换完。换齐了的牙称新边牙，说明此牛已满4岁了。随后又要落牙，落掉四瓣牙的牛叫"四瓣口"，脱落六瓣牙的称"六边牙"，八颗牙脱完的叫"白口"，未脱完时叫"老边牙"。怎样认识老边牙呢？牛的牙齿进入老化期在脱落前，每颗牙上长有一个黑黄色的小点，叫做"鱼眼睛"，又称"包谷子"，说明牛到此时已进入暮年。

次看生发。即是看牛的骨骼长相。偏耳的行话为："沙角沙相，粗脚大棒，熨斗蹄好，走起路来，叮啷叮啷，稳稳当当。"意思说具有这种长相的牛，力大耐劳，是庄稼人的宝。此外，长成"牯眼"的牛买不得。此种牛性格暴烈，

牛耕图（烟画，1905年英美烟公司设计出品）

养牛，现在仍是山里人的重要农事活动

好吃懒做，难以驾驭，还要伤人，这是忌讳买卖的一种牛。

再看旋纹。买牛要买三锁纹。什么叫三锁纹？三锁指牛尾与左腿、右腿与牛屁股相邻处的骨头衔接处，形成三角形状，每处的皮毛上都长出一个旋，这三个旋便称三锁纹，具有这种特征的牛很难找，它力大无比，耐力好，农忙季节，具有以一当三的能耐，特别受农民喜欢。在市场上，偏耳为谁发现了此种牛，并撮合成交，主人一定要重重酬谢。

牛偏耳在漫长的岁月中，不断观察分析，摸索出一套完整的识别牛的方法，经过一代一代传承，它具一定的实用性，这恐怕就是牛偏耳至今还在川东地区非常活跃的原因吧！

买牛，是乡下人生活中的大事

其他

传教士

　　据老人们回忆，最早进入重庆的传教士，是法国的天主教徒。那时天主教是以传教的方式进入重庆的。这些传教士一到重庆，就四处走街串户，甚至访贫问苦，了解民情。在老百姓聚集的酒店、茶馆、客栈、码头，到处都能够看见他们的身影。也就是说，这些金发碧眼的传教士起初往来无定，四处游走，流动传教，后来才设教堂。重庆最早的教堂天主堂，为法国天主教会创建。法国天主教设立天主堂以后，又分别于道光年间和同治年间，先后在寨家桥建立真原堂，在方家十字建立若瑟堂。若瑟堂至今保存完好，位于重庆宾馆对面的闹市中。

　　天主教之后，基督教又接踵而至。基督教即新教，派别甚多，所以在重庆设立的教堂也多。英国内地会在九块桥设立了福音堂。在重庆设立总堂的，还有英国的公谊会，美国的安息日会和加拿大的美道会。此外，木牌坊设立了中西英年会，万寿宫设立了中华基督教青年会，此会后来又在公园路设立了分会。

　　本来，重庆人对外国人是十分热情的，短短的十几年时间中，在重庆设立

传教士创办的仁济医院

1900年创办的仁爱堂医院

的外国领事馆和教会就达数十家,这就是一个很好的证明。然而,自"洋教"传入重庆以来,不法教徒四处惹事生非,久而久之,使重庆人对"洋教"产生了一种抵触情绪。看过老舍《茶馆》的人们不会忘记一个情节:凡是入了洋教的教民,到茶馆去喝茶,是可以不给茶钱的。这些教民为何如此张扬?因为他们背后有传教士撑腰。许多原来就不安分的市民看到入教可以占便宜,包括吃茶不给钱等等,于是入教的人越来越多。这些人凭借教会强大的经济实力横行乡里,强卖强买,霸占房产。当时重庆城一些重要的商业房产和商业用地均被外国教会所购买。这些教会除将一部分土地用于扩建教堂、学校、医院外,大量的商业房产又用于向市民出租盈利。因此,当时的有识之士将"天主教"戏称为"地主教"。以至于最终引发了震动"朝野"的"重庆教案"。

对于外国传教士的是非功过,历来是众说纷纭,但这些传教士在当时政治、经济、文化还十分落后的重庆城创办学校、开设医院,传播西方先进科学技术则是有目共睹的。当时教会办的学校有求精、广益、明诚、精益、淑德、文德、成德等,医院有宽仁、仁济、仁爱堂等。这些学校和医院大部分保存到了现在,有的还恢复了当时的名字。现在设在解放碑的重庆医科大学第二附属医院就恢复了"宽仁医院"的名字。

商行新址，正在举行重庆传教士的聚会

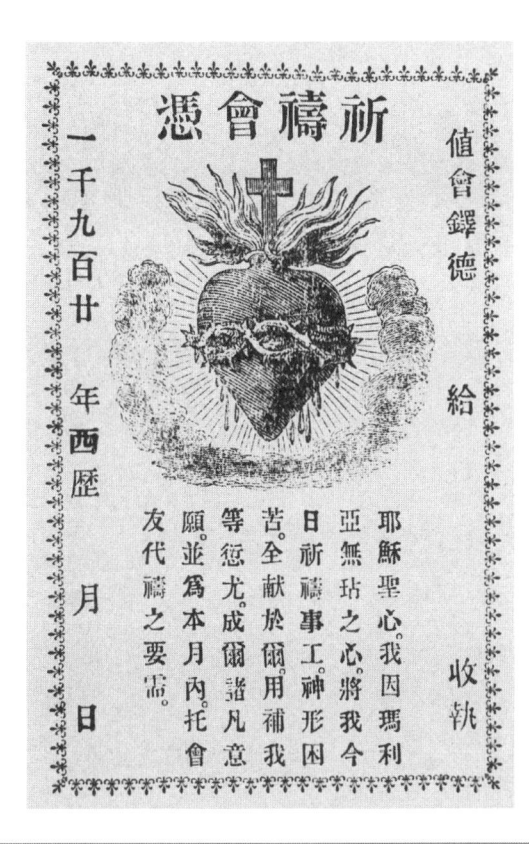

天主教祈祷凭证

法国传教士创办的若瑟堂，至今保存完好

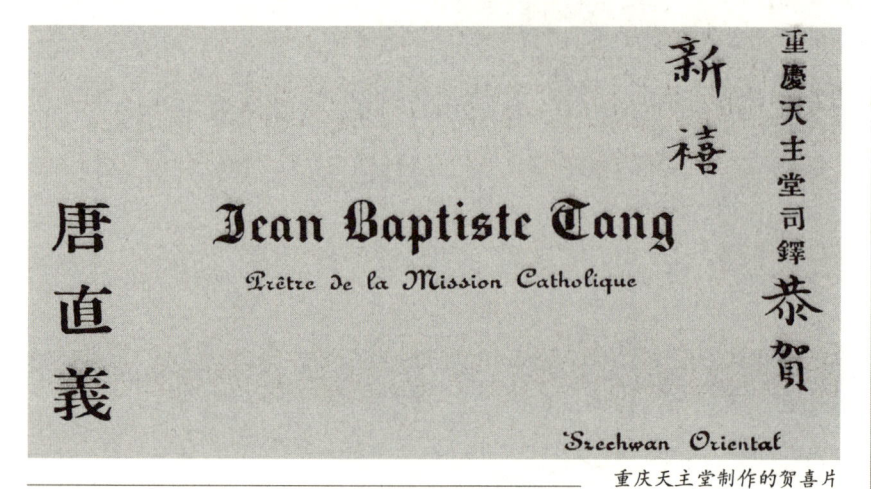

重慶天主堂司鐸
新禧
唐直義
恭賀

Jean Baptiste Tang
Prêtre de la Mission Catholique

Szechwan Oriental

重庆天主堂制作的贺喜片

老行当

据说，火锅最初起源于朝天门码头一带。当时的码头工人，老姜一起去，老姜一起去，又实惠"，这就是火锅的雏形，而真正的重庆毛肚火锅加入辣椒，都没人要的动物"肉脏"或头蹄，又便宜

街头艺人

街头艺人，也是老重庆的一大文化景观。

昔日在重庆的码头上，在江边的沙坝上，在街道的宽阔处，经常会听到锣声当当，待人围到一起后，即见一男子双手抱拳喊道："要钱不要钱，圈子要扯圆，兄弟来到贵码头，一不卖药，二不化钱，只请大家赏脸，由我女儿唱段花鼓，唱得不好，请父老兄弟包涵！包涵！"

只见卖艺人把随身所带的竹棍支开，当做鼓架，一人击鼓打锣，"丁嘣丁嘣当当，丁嘣丁嘣当当，嘣嘣嘣、当当当、嘣当、嘣当、嘣嘣当"地打将起来。锣鼓完，唱声起，一段唱词用一段腔，一段唱完击锣鼓两下，一般四句为一大段，唱腔用民间小调的上下句结构组成，演唱前分后合，大段完又打一段长锣鼓再唱第二段，照此规格不断反复。词格多为七字句，四句为一段，内容多系市民熟悉的"孟姜女哭长城"、"安安送米"、"安世敏整人"。花鼓唱完，"扯圈子"、"拿言语"的男子，拿着锣当盘子喊道："花鼓唱完，本不要钱，只是堂客娃儿要吃饭，请各位多少不论，赏几个饭钱。"在一处完毕，又拿起行头再到下一处，另打锣鼓重开张。

民国年间的花鼓艺人街头表演

老重庆街头木偶戏

老行当

老重庆街头的卖唱艺人，许多是外地逃难的农村人，最多的是河南来的凤阳花鼓。"说凤阳，道凤阳，凤阳本是个好地方。自从出了朱元璋，十年倒有九年荒。大户人家卖田地，小户人家卖儿郎，唯有我家没得卖，肩背花鼓走四方。"这种沿街卖唱，多是一位老人带着一个女孩，老人拉二胡，女孩唱小调，其情其景，十分凄凉。

街头木偶戏

据说，火锅最初起源于朝天门码头一带。当时的码头工人都没人要的动物内脏或头蹄，老姜一起加入辣椒，又便宜又实惠，这就是火锅的雏形，而真正的重庆毛

136

街头卖艺小照（民国）

民国时期的街头说唱艺人

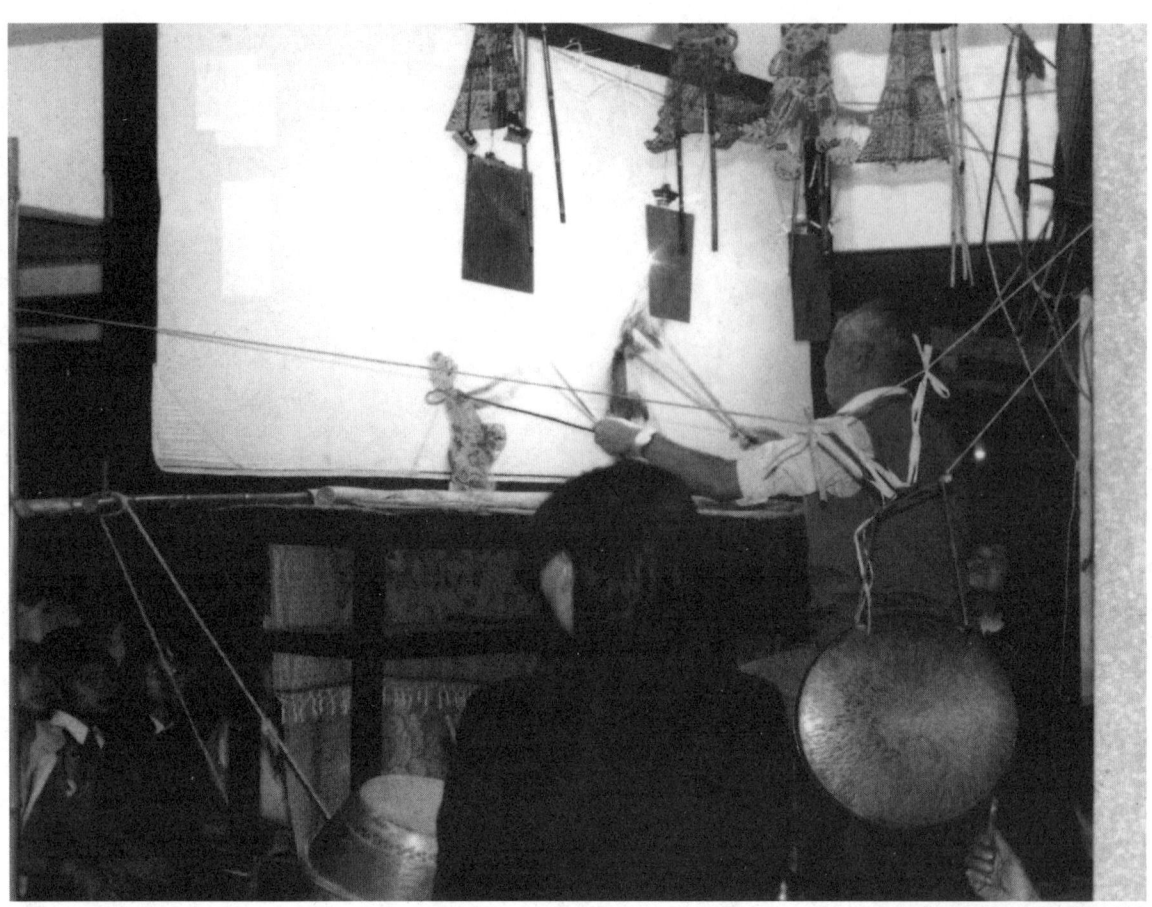

老式皮影戏演出情景

川北皮影人偶

老行当

据说,火锅最早起源于朝天门码头一带,当时的码头工人没人要的动物内脏或头、蹄,加入辣椒、老姜一起煮,又便宜又实惠,这就是火锅的雏形,而真正的重庆毛

算命先生

喝老沱茶，抽叶子烟，穷人自有穷人的活法；而穷苦人活在世上最大的安慰，就是没有担惊受怕的事。"为人不做亏心事，半夜不怕鬼敲门。"安贫乐道。"当一天和尚，撞一天钟，不当和尚，庙就空。"这是大多数人的活法。

然而，"人与人不同，花有几样红"，在生活中，总有人不安于现状，总有人想一夜暴富，总有人要铤而走险。俗话说，"富从险中求"，"风险越大，利润越大"。因此，那些每天在风口浪尖求生活的人，对于未来，往往缺乏信心，没有自信的直接表现，就是"倒霉上卦摊"。

在旧重庆，"找碗饭吃"不容易。常说谋事在人，成事在天。有许多不正当的事，谋也不在人，成也不在天，靠的就是运气。碰上好运气，飞黄腾达；赶上倒霉，一败涂地。所以有人上卦摊，卜测吉凶，仙人指点，得一条明路，指望化险为夷，财运亨通，官司能赢，猎艳称心。

算八字，摆卦摊，卖的是故弄玄虚，赚的是巧舌如簧，反正吹牛不怕犯死罪。据一位曾经干过此行的老人讲，这其中有许多的讲究，逢到有人过来，先来一个"伏笔"："哎哟，我看您老的气色发滞，印堂发暗，眼前正有一道坎，吃了官司？"一语道中，这位主就是为了官司来求卦的。怎么办？瞎子算命——后来好，如此这般地一说，化险为夷了，官司一定能赢。

民国时期，李半仙算命，有求必应

老行当

民国时期,道士先生也在街头设摊占卦以此谋生

  高高兴兴,求卦的人走了,当然要酬谢,八字先生算命,有规矩,一卦一元。先问的是命相,后问的是官司,第三才问到吉凶,一共是三元钱。如果后来官司输了,找到卦摊怎么办?那也没关系。算命先生卖的就是"一张嘴","雷打死了都医得活",何况小小官司,只要给钱,再占一卦,保证能赢。坑人不坑人,回去慢慢去想吧。

火锅最初起源于朝天门码头一带。当时的码头工人将一些便宜的动物内脏或猪蹄加入辣椒、老姜一起煮着吃，这就是火锅的雏形。而真正的重庆毛肚火锅又实实惠惠。

花钱只为知"天机"

小镇上的算命摊

相面人（清，周慕桥绘）

民国时期，八字先生在家给人算命、看相

老行当

据说火锅最初起源于朝天门码头一带，当时的码头工人们没人要的动物内脏或头、蹄归一起加入辣椒、老姜一起去，又便宜又实惠，这就是火锅的雏形，而真正的重庆毛

丐帮

丐帮，就是人们说的"叫化子"，其首领称"叫化头"，有领地，有徒众，有行规。并且还有艺讨、文讨、武讨、撵狗、坐街等行乞方式。

每年春节，既是市民的节日，也是丐帮的盛会。

春节中，香火兴旺的寺庙、道观被丐帮视为黄金地盘，外帮乞丐不得侵入争利。以重庆城（市中区）为例，丐帮旧时在千厮门洪崖洞内，聚丐结帮，拥"叫化头"为帮主。春节前邻近府、县乞丐来重庆过春节，赶庙会，得先与重庆洪崖洞内的丐帮帮主送礼打招呼。由帮主指定友帮居处（河滩、荒地、岩穴）和行乞地段，并且规定，不准偷盗、不准恶讨，真是"帮有帮规，行有行规"。至于庙会的黄金地带则按段指定给某县某帮，界域分明，行当清楚（只能坐地喊街，不准玩武讨），严格遵守，不越雷池。市中区罗汉寺、长安寺的财源都是洪崖洞丐帮专利，客帮只能"望梅止渴"。

涂山、老君洞赶庙会的道路长十余里，是南岸丐帮的领地。据老人们讲，每年上庙拜佛行善，有钱人都乐于向乞丐施钱，有的人专换小面值的铜元，每一乞丐施一

坐在粮店前的胖妇人与饥饿的乞儿形成鲜明对比

街头乞丐，俗称"叫化子"、"叫花子"

旧重庆，饥民无助，以树叶、草根充饥

枚，据说从江边至古刹寺门先后共施去三百多个铜板，约合四块多银元，此属古刹一路，如再去老君洞只怕还得施四块大洋。乞丐对香客不出恶语，不纠缠，不偷盗，尤不准"拍花"（拐卖儿童），讨的均是现银。乞丐们还自带粮食自炊、自饮，与沿途居民相安勿犯。那时庙会无治安人员维持，众多乞丐如此规矩，可见帮规颇严。

一些能说会唱的"叫化子"还会表演金钱板，其唱词有《十八扯》："真武山，真武岩，真武祖师打草鞋，草鞋打来一穿起，一脚踏死苏妲己。苏妲己是妖怪，一心想把孔明害。孔明老先生，摆下一座黄河阵。黄河阵，有孙膑，一脚啄死李老君。李老君，手杆硬，伸手逮到包文正。包文正，生得黑，亲家就是胡敬德。"再如"六月里，热茫茫，打把洋伞遮太阳，老君洞里去乘凉……"歌尾均有"金钱梅花落，荷花闹海棠哟"的和声。这些"叫化子"不拜码头，不入丐帮，只在街头院坝表演，以向大户人家讨赏为生。

有一段相声，专说表演金钱板的乞丐来到一家棺材铺门外，如何"插科打诨"的。那乞丐向掌柜唱着说："打竹板，迈大步，眼前来到了棺材铺，掌柜的棺材做得好，装了活人受不了，装了死人跑不了。"店里店外，人们哈哈一笑，也就讨到饭钱了。

金钱板，本来只是"叫化子"讨饭吃的谋生技能，后来发展成为快板书，作为一种艺术门类，登上了大雅之堂。

大灾之年市郊破产农民之惨状（民国）

民国时期，一家五口，乞讨为生

老行当

据说火锅最初起源于朝天门码头一带，当时的石工坐没人要的动物内脏，加入辣椒、老姜一起煮，又便宜又实惠，这就是火锅的雏形。而真正的重庆毛肚火锅

火锅最初起源于朝天门码头一带。当时的码头工人将一些廉价的动物内脏或头、蹄加入辣椒、老姜一起煮着吃了，这就是火锅的雏形。而真正的重庆毛肚火锅又实惠。

老行当

1925年，重庆綦江东溪镇饥民惨状

穷困的街头苦力（民国）

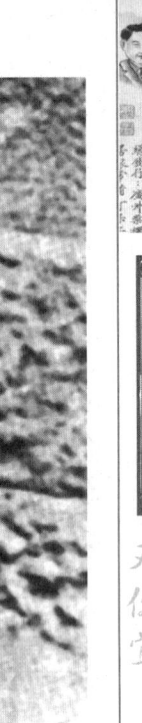

重庆街头苦力

老行当

据说，火锅最初起源于朝天门码头一带。当时的码头工人没人要的动物内脏或头蹄，加入辣椒、老姜一起煮，又便宜又实惠，这就是火锅的雏形，而真正的重庆毛

《老重庆影像志》

老城门 壹	老房子 贰	老街巷 叁
老码头 肆	老地图 伍	老广告 陆
老档案 柒	老风尚 玖	老钱票 拾